Ética na Política
e na Empresa

12 anos de reflexões

Mario Ernesto Humberg

2002

Editor: Fabio Humberg
Capa: On Art Design/Thaís Cristine Hirano Tasaka
Projeto gráfico e diagramação: João Carlos Porto
Revisão: Adriana Fonseca

Todos os direitos reservados
Editora CLA Cultural Ltda.
Rua Coronel Jaime Americano 30 – salas 11/12/13
05351-060 – São Paulo – SP   www.editoracla.com.br
Tel/fax: (11) 3766-9015   e-mail: editoracla@editoracla.com.br

**Dados Internacionais de Catalogação na Publicação (CIP)
(Câmara Brasileira do Livro, SP, Brasil)**

Humberg, Mario Ernesto
  Ética na política e na empresa : 12 anos de
reflexões / Mario Ernesto Humberg. -- São Paulo :
Editora CLA, 2002. -- (Coleção ABERJE)

  1. Empresas - Aspectos morais e éticos 2. Ética
3. Ética política I. Título. II Série.

02-0757   CDD-070.44917

Índices para catálogo sistemático:
1. Artigos jornalísticos : Ética empresarial :
    Coletânea   070.44917
2. Artigos jornalísticos : Ética
    na política : Coletânea   070.44917
3. Ética : Artigos jornalísticos :
    coletânea 070.44917

À minha mulher Ana Maria, aos meus filhos Mario, Fabio e Lygia, às minhas enteadas Camila, Lucila e Letícia, bem como às noras e genro Tânia, Flávia e Luiz Eduardo, que já me deram sete netos e espero que venham a dar outros.

AGRADECIMENTOS

Um livro como este é o resultado da colaboração de muitas pessoas e é difícil lembrar de todos os que colaboraram ao longo de mais de uma década para que os artigos constantes dele fossem publicados na imprensa e depois reunidos para esta edição. De modo que começo me penitenciando pelas inexoráveis omissões e estendo meus agradecimentos àqueles cujo nome não citei.

Minha mulher Ana Maria foi, na maior parte das vezes, a primeira leitora dos artigos, à época em que foram escritos, contribuindo com suas críticas e observações para aprimorá-los; minhas secretárias e assistentes Maria Isabel Lima de Assis, Sarah Alfredo, Maria Isabel Dantas e Marli Toschi transformaram meus garranchos num texto digitado; a equipe de relações com a imprensa da CL-A Comunicações viabilizou a busca de espaços para publicá-los, os jornalistas responsáveis pelas editorias de opinião abriram esse espaço, – e menciono particularmente o Zuba Coutinho, o Wladimir Brandão e o Jaime Luccas, que mantiveram na revista *Expressão* durante anos a única coluna de Ética Empresarial da imprensa brasileira.

Ana Lucia de Jesus garimpou os artigos em vários arquivos, organizou-os e identificou a data dos veículos de comunicação que os publicaram, com ajuda de Renata Lopes, minha assistente. José Mindlin teve a gentileza de escrever um prefácio que muito me sensibilizou e Jorge Cunha Lima redigiu um comentário amigo que compõe a quarta capa. Meu filho Fabio e sua equipe na Editora fizeram a parte de diagramação e completaram a organização dos textos. A equipe de Nelson Graubart, amigo e parceiro de muitos projetos, criou a capa. E a ABERJE – Associação Brasileira de Comunicação Empresarial, por decisão de seu presidente Rodolfo Guttilla e de seu diretor-executivo Paulo Nassar, iniciou uma Coleção ABERJE com esta publicação.

A todos eles e aos que esqueci, meus agradecimentos.

PREFÁCIO

A tese da necessidade de procedimentos éticos na empresa e na política, que Mario Ernesto Humberg defende nesta coletânea de artigos, é de importância óbvia, e ainda é de grande atualidade, não obstante ter sido objeto dos artigos durante várias décadas. É difícil avaliar o alcance e a eficácia dessa pregação, mas eu, que sou cético que acredita em catequese, não duvido de que algum resultado já tenha produzido. É claro que ainda nos defrontamos com muitos casos de falta de ética, mas creio que, por outro lado, vem crescendo em nossa sociedade a conscientização da necessidade de mudança. Nunca se falou tanto em ética quanto nestes últimos anos. Eu diria que, em contraposição aos escândalos que vêm ocorrendo no terreno político e financeiro, têm aumentado a transparência e a seriedade na área empresarial e política. Nem tudo é negativo.

A leitura destes artigos é amena e atraente (o que não é comum em coletâneas desse gênero), não só porque o assunto versado é de grande alcance, como porque Mario Ernesto Humberg o apresenta de forma clara e, sobretudo, convincente.

A análise dos fatores que levam à sonegação de impostos e a corrupção – os mais correntes exemplos de falta de ética – é feita de forma objetiva, sem qualquer tipo de sensacionalismo, e com interessantes revelações sobre o que vem sendo feito para combater esse pernicioso fenômeno. Ainda há um grande caminho a percorrer, mas já existem evidências de que não estamos diante de utopias inalcançáveis.

O que, além de tudo, considero importante assinalar, no livro de Mario Ernesto Humberg, é a grande coerência entre sua pregação e a prática de sua atuação pessoal. De Mario Ernesto Humberg não se pode dizer que exista uma contradição. Pelo contrário, sua vida empresarial é um excelente exemplo de que a seriedade é possível. Isso, evidentemente, reforça as teses que defende.

José Mindlin

APRESENTAÇÃO PELO AUTOR

Escrevi ao longo de mais de 40 anos algumas centenas de artigos sobre variados assuntos, e alguns temas vêm merecendo minha especial atenção: ética, política e comunicação, o último por ser a atividade a que me dedico há pelo menos 35 anos. A ética porque acredito que a vida e atuação de cada um deve ser pautada por valores e a política porque nela está a origem e a solução dos problemas do País.

Neste livro reuno apenas artigos ligados à ética, que, desde a década de 70, vem sendo objeto de minhas leituras, reflexões, palestras e, depois dos anos 80, de trabalhos profissionais, porque felizmente vem ocorrendo um interesse crescente por ela.

Buscar a origem de meu interesse por ética empresarial me leva à infância, quando a ação de meu pai, Erich Humberg, um executivo de sucesso (como se diz hoje), pautava-se por princípios rígidos, com os quais eu nem sempre concordava, mas aprendi a respeitar. Algumas cenas de minha infância não se apagaram, como a bronca na minha mãe por ter usado o carro e o motorista da empresa – da qual era presidente, mas não dono – para assuntos particulares. Ou seus comentários sobre a justa saída de empresários do Rotary Club por terem entrado em concordata, o que a associação não aceitava. Ou ainda, durante o governo militar, quando um novo ministro assumiu o Ministério da Indústria e Comércio: "como é possível um empresário que não paga corretamente seus trabalhadores e seus fornecedores e vive em débito com seus tributos se tornar ministro?".

Se a atuação de meu pai, sempre pautada por princípios, exerceu forte influência no meu desempenho empresarial, ainda mais importantes foram as experiências e lições que hauri da minha vivência no Colégio São Luiz na área social. Particular significação nesse sentido teve o Padre Ghislandi, que me levou pelos caminhos da ação social, inicialmente em favelas e depois pela periferia de São Paulo, mostrando a pobreza e a miséria existentes e como se podia ajudar as próprias pessoas a abrir novos caminhos. Embora com enfoque diferente, minha mãe manteve ao longo da vida uma atuação permanente e também admirável em entidades sociais, entre as quais me lembro em especial do Lar Escola São Francisco, a que se dedicava com afinco e que realizava um trabalho significativo, que creio continua até hoje.

Na área política, foi muito importante na minha formação a participação, no final da década de 50, entre meus 16 e 20 anos, nas reuniões e discussões de um grupo da democracia cristã em que pontificavam Queiroz Filho, André Franco Montoro, Plínio de Arruda Sampaio e se iniciavam outros, alguns dos quais também se tornaram exemplos de atuação ética, entre os quais destaco particularmente Francisco Whitaker e João Benedito de Azevedo Marques.

Na empresa que iniciei com os amigos Jorge da Cunha Lima e Miguel Ignatios, em 1981, e na qual fiquei sozinho a partir de 1983, sempre procurei me pautar por um comportamento ético, ao lado de atividades políticas assertivas – muitas das quais me custaram a perda de clientes e trabalhos. Escrever sobre ética empresarial foi, portanto, um caminho natural, como foi também definir valores e princípios éticos da CL-A Comunicações, incluídos como anexo neste livro.

Os artigos aqui reunidos foram publicados em jornais e revistas que abriram seu espaço para minhas contribuições, e que estão relacionados no final do livro. Durante alguns anos tive a satisfação de manter a única coluna permanente sobre Ética Empresarial de que tenho notícia, nas edições mensais da revista Expressão, editada em Florianópolis e dirigida a empresários da Região Sul.

Além da insistência de amigos e de meus colaboradores, três outros fatores me levaram à decisão de publicar o livro. Em primeiro lugar, as cartas e manifestações que recebi de empresários, alguns dos quais se deram ao trabalho de me solicitar autorização para copiar os artigos e distribuí-los. O segundo foram os convites que recebo para falar sobre o tema em universidades, congressos, reuniões, seminários etc., sem ser um técnico ou um professor da especialidade. E o terceiro, a possibilidade de, passados os 60 anos de vida, deixar registrados alguns dos meus conceitos para filhos e netos e outros interessados.

Os 48 artigos representaram minha manifestação nos momentos em que foram escritos, sempre com a colaboração e as observações de minha mulher Ana Maria. Ao relê-los, pareceu-me, entretanto, que continuam válidos, apesar da evolução e das mudanças ocorridas no País e no mundo.

Espero que sua divulgação contribua para estimular outros dirigentes empresariais a adotarem posturas éticas. Se isso acontecer, dou-me por satisfeito.

ÍNDICE DOS ARTIGOS

A DIFÍCIL ESCOLHA DO PRESIDENTE	13
ÉTICA EMPRESARIAL É NECESSÁRIA NO BRASIL	16
PC E A ÉTICA EMPRESARIAL	18
ÉTICA PROFISSIONAL E DIVULGAÇÃO	20
INFLAÇÃO E ÉTICA EMPRESARIAL	22
ÉTICA EMPRESARIAL FICOU SUBDESENVOLVIDA	23
A ÉTICA E OS PROFISSIONAIS DE COMUNICAÇÃO	25
ÉTICA NOS NEGÓCIOS	31
ÉTICA EMPRESARIAL	33
ESTABELECENDO PROGRAMAS DE ÉTICA EMPRESARIAL	35
ÉTICA EMPRESARIAL E COMPETITIVIDADE	37
ÉTICA E CONFLITOS DE INTERESSE	39
ÉTICA E TRANSFERÊNCIAS EMPRESARIAIS	41
A COMUNICAÇÃO DO GOVERNO E O PESSIMISMO	43
ÉTICA EMPRESARIAL E POLÍTICA	46
REVOGAR O QUE SOBROU DO PACOTE DE ABRIL	48
ESCÂNDALOS E ÉTICA EMPRESARIAL	50
ÉTICA EMPRESARIAL E O CONSUMIDOR	52
ÉTICA SEM PAREDES	54
ÉTICA – O EXEMPLO AMERICANO	59
ÉTICA E PIZZA	61
FURTOS E ÉTICA NAS EMPRESAS	63
CIDADANIA AMBIENTAL E ÉTICA	65
UM BOM ANO PARA A ÉTICA	67
ÉTICA, DIREITOS HUMANOS E O TIMOR LESTE	69

PRIVATIZAÇÕES, CISÕES, AQUISIÇÕES E RELAÇÕES COM INVESTIDORES 71

A DIFÍCIL ÉTICA NA POLÍTICA 73

ÉTICA E SIGILO FISCAL 75

DIFERENÇAS ENTRE BRASIL E ESTADOS UNIDOS 77

FAZENDO NEGÓCIOS NO BRASIL 79

A EXPANSÃO INTERNACIONAL DAS EMPRESAS 81

ÉTICA E CONCORRÊNCIA INTERNACIONAL 83

ÉTICA EMPRESARIAL E ELEIÇÕES 85

A CRISE DA GLOBALIZAÇÃO E OS EMPRESÁRIOS 87

CERTIFICAÇÕES ISO E ÉTICA EMPRESARIAL 89

IMPACTOS POSITIVOS NA ÉTICA POLÍTICA 91

HORA DE PARTICIPAR 93

A COMUNICAÇÃO DOS GOVERNOS 95

A COMUNICAÇÃO DAS EMPRESAS 97

A ÉTICA E A PROPAGANDA 99

A SEGURANÇA E A SAÚDE NO TRABALHO 101

A SONEGAÇÃO É ACEITÁVEL? 103

O SIGNIFICADO DO BALANÇO SOCIAL 105

RELEMBRANDO JOHN F. KENNEDY 107

ÉTICA E RESPONSABILIDADE SOCIAL 109

PROPOSTAS PARA UM NOVO BRASIL 111

RESPONSABILIDADE ELEITORAL 113

A REGULAMENTAÇÃO DO *LOBBY* 115

A DIFÍCIL ESCOLHA DO PRESIDENTE

Há pelo menos 12 candidatos à presidência da República disputando o voto dos brasileiros, mas não é fácil decidir-se por alguns deles, se houver a preocupação de escolher bem. O Brasil moderno, o País que está sendo construído anonimamente por milhões de brasileiros afastados de cargos políticos e da direção de entidades para estatais, não está representado nesse número de candidatos. Ainda assim, é preciso escolher entre os que estão disputando, e escolher bem.

Uma vez que não há candidato ideal, nem que possa ser colocado próximo dessa condição por qualquer um que faça uma análise não engajada emocionalmente, o critério de escolha só pode ser a decisão pelo menos pior. O melhor critério é identificar quem possui as características mais próximas das desejáveis de um presidente, no presente momento.

Em primeiro lugar, se é honesto, a qualidade mais procurada atualmente, e extremamente difícil de encontrar na classe política. Sem isso, será inviável restabelecer a credibilidade necessária para a manutenção da democracia. Em segundo lugar, se foi capaz de exercer um papel positivo na resistência ao arbítrio e, depois, na consolidação do acordo que permitiu a transição democrática. O País não precisa de heróis – certamente necessita, como presidente, de um político competente, íntegro, bom negociador e coerente. O que também é raro. Em terceiro lugar, se tem uma visão moderna do processo político. Ou seja, se é capaz de encarar o papel do presidente de um país que deseja ser do primeiro mundo, com um regime democrático, em que o ocupante do Executivo tem menos poderes e o Congresso mais, como estabelece a nova Constituição.

Com a maioria dos atuais presidentes, a crise entre presidência e Congresso é inevitável: eles querem concentrar todos os poderes e decisões. Esse é realmente um risco que o País não deve correr. Não dá para ter novamente um presidente tentando um golpe, estimulando greves, renunciando ou mantendo uma guerra permanente com o Congresso Nacional para conseguir mais força para o seu cargo. Se isso acontecer, teremos outra convulsão social e o País regredirá tudo o que caminhou nestes anos, a duras penas e altos custos.

Também não é possível imaginar um presidente tentando estatizar mais, sejam linhas de ônibus, bancos ou empresas de setores estratégicos, estranho conceito que alguns ainda mantêm como justificativa para a política estatizante. Embora não seja necessário escolher um paladino da privatização, é fundamental ter um presidente cuja ação seja calçada no bom senso. E hoje, como Ignácio Rangel já demonstra há anos, privatizar é o único caminho do bom senso, de modo que o candidato certo deverá andar nessa direção.

Para os empregados e empregadores de todos os níveis, o novo presidente precisa ser um homem sensível e sensato. A discussão dos salários deve ter nele apoio e estímulo no sentido de ajudar a melhorar a distribuição de renda do País, sem comprometer a necessária expansão da atividade econômica e dos investimentos. Sem demagogia ou irrealismo, mas com firmeza e habilidade.

Certamente para os trabalhadores a melhor opção é alguém que não faça da presidência um palanque trabalhista, nem militarize a repressão às suas reivindicações, mas ajude a acabar com os salários abaixo de 100 dólares/mês que envergonham o País.

A ilusão de que o Brasil possa dar salto para a modernidade, como está fazendo a Espanha, não deve enganar ninguém. Não temos um Felipe González, mas não é só isso: não temos preparo, a começar pela educação básica ou profissional, como os ibéricos. Essa é a grande diferença, que não será possível vencer em um nem em cinco anos.

Não há, portanto, como existir um candidato ideal, nem um partido ideal. Mas, quando se analisam os candidatos reais, parece claro que Ulisses Guimarães é certamente o melhor, já que, com sua atitude aberta, é o que menos dificultará o caminho do País até a modernidade, caminho este que o País real está percorrendo, independentemente de governos e políticos. E que convém não dificultar, já que facilitar parece inviável.

Caminhemos, pois, devagar, mas para frente. A corrupção, o compadrio, os abusos, as mordomias que infelizmente caracterizam grande parte dos três poderes, em todos os níveis, vão continuar. Mas com a posição negociadora e firme de alguns políticos – entre eles Ulisses – fomos capazes de ultrapassar a fase autocrática e, hoje sabemos disso tudo explicitamente, graças à liberdade de imprensa e à de manifestação. São elas, associadas a uma melhoria nos sistemas educacionais, que nos levarão a repudiar a esperteza, a lei de Gerson, a corrupção e os corruptores. Leva tempo, mas estamos a caminho. Não podemos nos desviar dele acreditando em salvadores da pátria ou em soluções mágicas.

O bom senso ainda é a melhor alternativa para escolher presidente. E pode parecer extraordinário, mas é óbvio que o caminho para o Brasil moderno passa pelo partido mais desgastado e pelo mais idoso dos políticos que se pretendem candidatos a presidente. É o que o bom senso diz.

---

* Publicado originalmente em *O Estado de S. Paulo,* em 15/06/89.

ÉTICA EMPRESARIAL
É NECESSÁRIA NO BRASIL

Nos Estados Unidos, na década de 80, a imprensa levantou um número grande de casos de corrupção (*bribery*), envolvendo o recebimento de comissões e propinas por autoridades e políticos – no exterior mas também internamente – para facilitarem a concretização de negócios. Num país em que a sociedade e o mercado – e não o governo – determinam o sucesso nos negócios, as empresas logo perceberam que fugir dos valores aceitos pela comunidade poderia representar o começo do seu fim. E responderam, com o desenvolvimento de programas e códigos de ética.

Hoje, 45% das mil maiores empresas americanas dispõem de programas de ética, buscando definir comportamentos internos e externos, com uma abrangência que vai das formas de conceder presentes ou favores aos clientes privados e governamentais, passando por uma transparência em aspectos como relações com o setor político, os empregados, a sociedade em geral, consumidores, meio ambiente etc.

A atual situação brasileira, com denúncias diárias de corrupção, é mais grave do que a norte-americana nessa época, mas ainda está faltando quem assuma a liderança desse processo de afirmação dos valores éticos. A divulgação dos casos tem feito a população ficar cada vez mais cansada dos aplicadores da lei de Gerson ("é preciso levar vantagem em tudo"), de Belisa ("se os outros podem, por que eu não?") ou simplesmente da máxima que os fins justificam os meios, adotada por economistas no governo e por coordenadores de campanhas eleitorais.

Sinal desse cansaço é que até políticos que se notabilizaram ao longo dos anos pelo tráfego de favores e outras formas de corrupção hoje pregam seu fim (ou pelo menos sua redução).

A classe empresarial tem por isso uma ótima oportunidade e uma grande responsabilidade, a de liderar essa mudança ética do País. Se ela tomar a iniciativa, a roda do futuro começa a girar de forma diferente. Alguns empresários já estão sensibilizados para essa necessidade de adotar princípios éticos nos seus negócios e estão assumindo essa responsabilidade. O fundamental é que cada um comece a mudança pelo micro-universo em que sua presença é determinante e os resultados são facilmente comprovados – ou não. Não basta fazer declarações genéricas ou dizer que os políticos, governantes ou fiscais são corruptos. Isso é, no geral, meia verdade, porque na maioria das vezes eles são a parte passiva do processo. Mesmo que tenham exigido, sua ação é receber a propina, o jabaculê, a comissão, o p.f., a caixinha. A parte ativa do processo é normalmente um dirigente empresarial – que dá o dinheiro, seja para vender produtos ou serviços aos governos, de simples guarda-chuvas a grandes barragens, para apoiar candidatos que defendam seus interesses, ou para esconder falcatruas.

O começo da mudança é a disposição para adotar um código de ética a partir de uma definição de valores da empresa. Não se trata de escrever 10, 12 ou 15 pontos, como se fossem os mandamentos, e distribuí-los aos funcionários. A ética empresarial só se torna efetiva se refletir valores praticados, estimulados e visíveis, a partir do comportamento dos dirigentes para que atinja e seja aceita nos demais níveis. Se não houver possibilidade de questionamento, respostas e transparência, a ética empresarial torna-se mero discurso vazio, como tantos que o País tem visto.

Definir e adotar posturas éticas na empresa é certamente um caminho para assegurar os negócios no longo prazo, como mostra o primeiro mundo. Mas é também a contribuição que a sociedade espera dos dirigentes empresariais para que o País comece a mudar. A chave do futuro está, pois, nas mãos dos empresários e de sua ética.

---

* Publicado originalmente em *O Estado de S. Paulo* em 29/01/92, *no Diário do Comércio (MG)* em 14/02/92, na *Gazeta Mercantil* em 20/08/92 e na revista *Expressão nº 67* em 1996.

PC E A ÉTICA EMPRESARIAL

O Brasil experimentou notável avanço nas últimas semanas, com as revelações do caso PC. Independente do que venha a acontecer com as conclusões da CPI, ou com o encaminhamento da questão na Justiça, a lavagem em público dos porões do complexo empreiteiro-político-empresarial é de extrema significação para possibilitar o ressurgimento de valores éticos em nosso país.

Para todos aqueles que, de uma forma ou de outra, pertencem à camada mais informada da população, as revelações das últimas semanas não trazem nada de novo. Sabe-se há muito tempo que quem manda no País são as grandes empreiteiras, na qualidade de principais financiadoras das campanhas políticas. Sabe-se também que, por isso, as obras públicas no Brasil são duas ou três vezes mais caras do que no resto do mundo e não há grande preocupação com a qualidade do que é entregue – isso está escrito em relatórios do Banco Mundial, que não são secretos. Da mesma forma, a íntima vinculação das principais entidades empresariais com os porões do poder é amplamente conhecida por quem lê – razão pela qual o presidente da Fiesp, com a proverbial sinceridade que o vem caracterizando, não se peja em dizer que na entidade que dirige "somos todos corruptos".

A grande evolução do País nas últimas semanas não decorre, portanto, de uma novidade no que se refere aos fatos. Mas sim à divulgação deles e à decisão da imprensa e da Justiça de investigá-los. Quando a Justiça Eleitoral recebeu os relatórios da última campanha presidencial, sabia que eles eram evidentemente falsos: uma conta elementar mostra que o voto custa entre US$ 5 e US$ 50 no Brasil, dependendo do cargo, do partido e do local. Certamente não se faz uma campanha presidencial com US$ 3,5 milhões e qualquer juiz, se estiver interessado, sabe disso. Assim, rompeu-se de repente o encanto em que se fazia de conta que a roubalheira, o caixa-dois, a corrupção, a caixinha não existiam, e todos passaram a falar ou atuar na investigação do assunto.

Vale a pena destacar que, embora a imprensa e a CPI estejam centrando seu fogo em PC e nas suas ligações com o presidente da

República e outras figuras de alto destaque político, o problema não é este. Mas sim a transferência de recursos da população mais pobre para o enriquecimento dos políticos e dos amigos do Rei, dos empreiteiros, de outros grupos empresariais e dos corruptos em geral. Cada fumante de Belmont transfere uma parte de seu salário mínimo – ou do que ganha fazendo bicos – para pagar o *over-price* dos canais da maternidade, das grandes barragens, dos sistemas de tratamento de água e esgoto, dos Ciacs ou dos conjuntos habitacionais construídos pelo País afora.

A corrupção dos políticos e governantes não é um problema brasileiro como o Japão, a Itália, os Estados Unidos e outros países estão a nos mostrar constantemente. Como também a íntima correlação entre certos segmentos empresariais e áreas políticas não é nossa exclusividade. O problema do País é que até agora nem a imprensa, nem a Justiça e nem a população deram maior atenção a esses aspectos.

Nos Estados Unidos, a grande mudança começou na área empresarial, empurrada pelas pessoas comuns e por suas associações – que não aceitavam participar direta ou indiretamente de negócios escusos. Livros sobre o complexo industrial-militar e revelações sobre propinas dadas por empresas a membros do seu e de outros governos levaram um grande número de empresas norte-americanas a desenvolver programas e princípios éticos que impedissem esse tipo de comportamento. E a aumentar sua transparência. Hoje, mais de 50% das grandes empresas americanas têm seu código de ética e fazem questão de discutir abertamente seu comportamento face aos governos e à comunidade.

Agora que caminhamos muito, com grandes empresários sendo obrigados a ir à Justiça explicar suas doações a campanhas eleitorais e caixinhas, é de esperar que a reação também venha pelo lado da definição de uma ética empresarial nos maiores grupos brasileiros. Já não é sem tempo e terá sido um grande ganho desse *imbroglio* em que estamos entalados.

---

* Publicado originalmente em *O Estado de S. Paulo*, em 01/08/92, no *Diário do Comércio* (MG) em 07/08/92 e em *A Notícia* (Joinville) em 14/08/92.

ÉTICA PROFISSIONAL E DIVULGAÇÃO

Alguns códigos de ética profissional no Brasil mantêm posturas em relação à divulgação que parecem provir da Idade Média, pela sua completa inadequação aos tempos em que vivemos. Assim, médicos e advogados não podem, pelos seus códigos de ética profissional, enviar mala direta, fazer anúncios ou divulgar suas atividades – embora muitos o façam de forma disfarçada ou até aberta.

O código de ética profissional dos advogados diz especificamente (seção I, II), que não se permite ao advogado: a) angariar, direta ou indiretamente, serviços ou causas; b) inculcar-se para prestar serviços ou oferecê-los, salvo gratuitamente e em benefício de pessoa necessitada, ou de instituição de utilidade pública. Em termos diferentes, porém similares, a proibição existe no código de ética dos médicos.

Embora se possa entender as razões que originaram esse tipo de proibição nos tempos antigos, em sociedades fechadas e cidades em que as pessoas se conheciam umas às outras, hoje não subsiste relação entre a manutenção de uma atitude profissional ética e a divulgação das atividades profissionais de qualquer segmento. É claro que a divulgação pode ser feita com ou sem observância de normas éticas, da mesma forma que a profissão pode ser exercida respeitando-as ou não.

A ética profissional, como a ética empresarial, é necessária para garantir à sociedade o oferecimento de serviços com a qualidade que o consumidor espera – entendida aí qualidade no sentido amplo que a palavra hoje assume, envolvendo conteúdo, eficácia, relação custo/benefício, pontualidade, assistência posterior etc. O atendimento desse objetivo de qualidade pressupõe transparência em relação ao que se está comprando – o que torna necessária sua correta apresentação e divulgação.

Assim, os códigos de ética profissional que impedem a divulgação ou a promoção dos serviços e de quem os executa desservem o consumidor em vez de beneficiá-lo, por ocultarem as características do que está sendo oferecido. Em conseqüência, a falta de correta divulgação, em vez de ser uma atitude ética, acaba por facilitar a falta de ética ao reduzir a transparência.

É hora, portanto, de alterar esses códigos de ética dos médicos e advogados. É importante que eles passem a usar adequadamente a comunicação e divulgação profissional, para que seus potenciais clientes recebam informações corretas. E para que possam agir de maneira mais efetiva contra ofertas enganosas, uma vez que elas se tornarão mais visíveis. Ética profissional ou empresarial pressupõe transparência e isso só existirá com uma comunicação aberta e clara.

* Publicado originalmente em *O Estado de S. Paulo*, em 21/11/92.

INFLAÇÃO E ÉTICA EMPRESARIAL

A inflação brasileira reflete a luta pela apropriação de recursos gerados no País e mostra que falta uma adequada arbitragem política e ética dessa divisão. Os que podem se apropriam do máximo possível dessa riqueza, e os que não podem são empurrados para uma miserabilização crescente. A inflação é o mecanismo usado para essa apropriação: é uma espécie de imposto dos mais ricos sobre os mais pobres.

Como os mais pobres não têm nem representação, só os mais ricos podem mudar a situação. Essa é uma tarefa indelegável dos empresários, que, para isso, precisam ser movidos por sentimentos e percepções éticas. É necessário mudar o Estado e suas relações com a sociedade, reduzindo os desperdícios e os favorecimentos, privilegiando investimentos na educação, estimulando o diálogo e a transparência. E adotar uma ética empresarial que dificulte a corrupção, a sonegação, o financiamento irregular aos políticos, a exploração da mão-de-obra, os abusos contra o consumidor. O verdadeiro combate à inflação passa pela afirmação e prática de valores éticos. Só assim os empresários podem ter certeza de estar contribuindo para o desenvolvimento de todos os brasileiros.

* Publicado originalmente na revista *Empresa: Perspectivas* (ADCE), em setembro de 1993.

ÉTICA EMPRESARIAL FICOU SUBDESENVOLVIDA

As notícias da imprensa e os processos de corrupção empresarial comprovam amplamente os resultados de uma pesquisa realizada em 1992 e publicada em julho de 1993 pela FIDES – Fundação Instituto de Desenvolvimento Econômico e Social, para diagnosticar a posição empresarial no campo ético, que mostrou como o País está atrasado nesse aspecto.

O caso PC já havia deixado claro o comprometimento de inúmeras empresas líderes com as falcatruas do governo Collor, revelando a baixa preocupação ética de boa parte do empresariado brasileiro, que considera válido utilizar qualquer recurso para obter lucro ou ampliar sua participação nos negócios.

Uma análise em maior profundidade, nos moldes do que vem ocorrendo na Itália em 1993, quase certamente mostraria que esse descaso com os valores éticos, e mesmo com a legislação, é maior do que se supõe. Não é de espantar, portanto, a crescente acusação de falcatruas apontadas em 1993 pela imprensa.

É verdade que a imprensa tende a generalizações inadequadas e a aceitar valores sem qualquer coerência, mas isso não elimina o fato de que falcatruas existem, e em quantidade. O mais grave é a aceitação social desses fatos aéticos, que caracterizam o Brasil pós-1964. Para os mais antigos, ainda existe a lembrança de que, antes do domínio do País pelo complexo empreiteiro-político-burocrático, os empresários tinham outra postura ética. As próprias associações empresariais significativas não aceitavam sequer sócios que tivessem pedido concordata, muito menos os que estavam envolvidos em inquéritos e falcatruas. Empresários vendiam o patrimônio pessoal para cumprir com sua palavra e chegavam a se suicidar quando publicamente envolvidos em corrupção ou desvios. Infelizmente, os padrões mudaram, como está se vendo. As empresas que responderam à pesquisa da FIDES mostram que sua preocupação está muito menos na adoção de um comportamento ético do que no formal cumprimento das leis. E, em segundo lugar, com o aspecto comercial, envolvendo o respeito ao cliente e ao fornecedor no que se refere a qualidade, preços e prazos. Não há muita preocupação com os acionistas minoritários ou com a legislação do mercado de capitais. E nas relações com o público interno – que são as mais reveladoras do padrão ético, porque diárias e constantes – a discriminação quase não preocupa e o desenvolvimento profissional e a divulgação de informações internas ocupam lugares apenas médios. Apesar de metade das empresas dizer que possui um código ou uma clara política no que se refere a questões éticas, as demais respostas ao questionário da FIDES indicam que isso não corresponde ao que se considera um real código de ética em países como os Estados Unidos. É de se crer que apenas existem alguns valores definidos pela direção, que são passados aos funcionários através de manuais ou reuniões.

Há, portanto, muito trabalho pela frente, para conscientizar os dirigentes das empresas brasileiras (ou aqui estabelecidas) de que é preciso melhorar o padrão ético, particularmente em relação à sociedade e a seus colaboradores.

Sem uma posição ética mais clara e definida dos empresários, a nação continuará reclamando dos políticos e seus PCs e PPs, mas a situação não mudará, pois a corrupção passiva é companheira da falta de ética empresarial e da corrupção ativa. Para assegurar um futuro melhor ao País, é preciso cortar essa conexão e é esse o grande desafio da ética empresarial.

* Publicado originalmente no *Diário do Comércio* (MG), em 16/09/93.

A ÉTICA E OS PROFISSIONAIS DE COMUNICAÇÃO

A ética empresarial, profissional, política e pessoal será a grande exigência da próxima década, substituindo e incorporando a preocupação ambiental, o grande mote dos ativistas dos últimos anos. No exterior a exigência é crescente e no Brasil ela também chegou, embora ainda haja poucas entidades e profissionais preocupados com o assunto.

Entre esses, é importante destacar a FIDES – Fundação Instituto de Desenvolvimento Econômico e Social, que tem realizado seminários, já editou um livro e um documento a respeito (*A Ética no mundo da empresa*). Mas o tema certamente vai passar a preocupar cada vez mais os profissionais e as entidades.

Qual o enfoque ético a ser adotado por empresas e profissionais de relações públicas e comunicação institucional? Primeiro problema: trabalhamos com pessoas e entidades que têm (ou não) sua ética organizacional. É possível executar esse trabalho se ela não bate com a nossa? Não se trata de um problema exclusivo dos profissionais de comunicação. Por exemplo, os advogados se vêem muitas vezes diante desse tipo de conflito. Alguns admitem que é possível defender qualquer criminoso, pois todos devem ter direito de defesa. E nós, profissionais de comunicação? Podemos defender clientes que sabidamente infringem a ética? E mesmo a lei? Ou que não têm ética?

Ética organizacional

Quando se começa a discutir o problema da ética nas organizações, surge a primeira dúvida: o que é essa ética? Sem querer entrar em discussão filosófica, religiosa ou moralista – que até pode ser o caso (ética cristã, ética católica, ética protestante etc.) –, do ponto de vista organizacional, a ética deve ser vista como um conceito utilitário, com o sentido de uma ferramenta útil ao dirigente da organização.

Portanto, vamos definir ética organizacional como um comportamento regido por padrões claros, explícitos, que correspondem à postura real dos dirigentes dessa organização. Ou seja, a ética é parte daquilo que se define como cultura ou filosofia organizacional: são padrões de comportamento que correspondem a valores reais, aceitos e assumidos pelos componentes da organização, a partir de sua cúpula. Isso significa que a ética organizacional não corresponde necessariamente a padrões morais ou religiosos, embora seja de esperar e desejar que isso ocorra.

Temos exemplos de ética organizacional em setores cujos negócios são ilegais ou até amorais. Um exemplo típico são os bicheiros: eles têm sua ética, um padrão de comportamento claro, que permite que as pessoas apostem usando um pedacinho de papel como comprovante e tenham a certeza de receber seus prêmios.

A importância dessa clareza organizacional fica óbvia quando se sabe que a população – e são as pesquisas que indicam – confia mais nos bicheiros do que nos comerciantes, industriais ou banqueiros. Por quê? A resposta é óbvia: há mais clareza nas posições dos bicheiros do que nas dos outros grupos mencionados. Portanto, é preciso não apenas adotar princípios éticos nas organizações, mas também, deixá-los claros aos diversos públicos com que elas se relacionam.

A clareza necessária

Uma atuação profissional ética implica sabermos quais são nossos princípios éticos e aqueles das organizações para as quais trabalhamos. É preciso ter respostas claras a perguntas como:

• Os empregados sabem como a organização se comporta em casos de corrupção? Oferece suborno? Paga ou não paga a comissão ou o jabaculê solicitado por políticos, fiscais, compradores etc.? Pune ou não pune quem for apanhado aceitando suborno? Ou pagando?

• Na postura ambiental, cumpre a legislação, procura ser melhor que a lei ou está preocupada em fazer do jeito mais barato?

• E em relação ao consumidor? O código é respeitado? A propaganda, a promoção e a embalagem são leais em relação ao que o consumidor vai receber ou buscam enganá-lo? E a qualidade, corresponde ao preço ou ao serviço?

• Em relação à concorrência, ela é limpa ou procura prejudicar os outros sempre que possível?

• Se a empresa é monopolista ou oligopolista, até que ponto abusa disso?

• A relação com os empregados é aberta ou dissimulada? O que se diz nos comunicados e informes internos é verdade ou tentativa de vender gato por lebre?

• Os impostos são pagos ou sonegados?

A ética organizacional é algo abrangente e envolve múltiplos aspectos para os quais é preciso ter definições.

Código de ética

A tendência da maioria das organizações quando se decide a implantar programas de ética é criar um código, a partir de idéias e valores copiados de outras empresas ou entidades.

O código de ética é um instrumento importante na implantação dos programas, mas só funciona se os dirigentes maiores estiverem convencidos de que ele existe para ser aplicado. Não faz sentido ter um código de ética se as pessoas de maior nível aceitam burlá-lo.

Um dos papéis do profissional de comunicação institucional e de relações públicas é ajudar na implantação do código de ética. Os passos para implantar:

• Identificar os valores reais, praticados.

• Fazer acordo, consenso geral, sobre os pontos em que não haja dúvidas (mesmo que mínimos). Como? Através de grupos de trabalho.

• Assunção da responsabilidade, do compromisso pelo acionista (no caso de empresa fechada) ou pelo administrador geral (no caso de empresa aberta ou entidade).

• Estabelecer sistemas de acompanhamento e discussão.

• Ampliar aos poucos os níveis de confiabilidade.

• Acrescentar novos itens ao código.

• Definir ações punitivas.

Ética organizacional significa auto-regulação: a organização estabelece seus padrões de comportamento, confiáveis e satisfatórios, de modo que não é necessária a intervenção do Estado ou de fiscais. E sempre que preciso, ou obrigada, ela explica aos diversos segmentos da sociedade porque, sendo confiável, o diálogo é possível e produtivo. O código deve ser o resumo desse procedimento, ou seja, ter base na realidade.

Problemas éticos

Alguns exemplos de problemas éticos mais em evidência hoje: comissões nas vendas ao governo e a particulares, suborno a fiscais, sonegação de impostos em vez de discussão jurídica, financiamento irregular de campanhas eleitorais, medida ou peso fora do especificado, comportamentos equívocos em relação aos funcionários, abusos no mercado etc.

É possível ser ético se os concorrentes não o são? É uma pergunta que vale a pena tanto para nós, como prestadores de serviços, como para nossos clientes. Nem sempre a resposta é igual com relação ao mercado, ao governo ou aos empregados. Há diferenças no caso de setores concorrenciais e no caso de oligopólios, no caso de entidades, no caso de empresas e no caso de governos.

Um problema que os profissionais de comunicação constantemente se vêem frente a frente no Brasil é a atitude das empresas que atuam em determinados segmentos, como empreiteiras e outros fornecedores do setor público. Há algumas empresas fornecedoras do governo, por exemplo, que adotam princípios éticos claros e assumidos em relação a quase tudo, exceto ao cliente, quando julgam fundamental "entrar no jogo". O que fazer nesses casos como profissional de comunicação? Trata-se de uma opção difícil, uma vez que é preciso assumir o cinismo como valor – pois não se pode dizer abertamente que a empresa é a favor de subornar políticos ou dirigentes de organizações estatais.

A crise brasileira

O Brasil chegou ao nível mais baixo da história em termos de nível ético: empresarial, governamental, político etc. Não é um problema só brasileiro: quase todos os países que saíram de regimes ditatoriais se viram na mesma situação. Porque a ditadura bloqueia a divulgação das infringências éticas. Para se ter uma idéia do que foram os valores éticos durante um regime militar, basta constatar que quase todos os ministros e ocupantes de cargos de chefia no período estão hoje ricos. Ou que as empresas que mais cresceram no período foram as empreiteiras de obras públicas.

A situação está mudando, porque, com a liberdade, a população começou a cobrar e a imprensa vem dando amplo espaço às denúncias. Nem sempre justas e corretas, e esse é outro problema ético com que temos de lidar, porque a maior parte dos jornalistas e editores se julga acima do bem e do mal e é capaz de jogar qualquer um à execração pública por suspeitas, mas dificilmente retifica com igual destaque seus erros.

Ética e busca da credibilidade

O Brasil vive um momento em que a necessidade de padrões éticos é muito forte. As pessoas esperam que eles venham de cima. O que é de cima? Dos políticos? Dizem que eles são corruptos. Dos profissionais de comunicação? Dizem que os jornalistas só querem ver sangue e os relações públicas aceitam qualquer procedimento de quem os contrata, desde que recebam. É preciso mostrar que isso não é uma regra geral.

Curiosamente os corruptores – basicamente dirigentes empresariais – gozam de uma certa complacência da imprensa, que reserva aos corrompidos suas manchetes. Apesar disso, a crítica aos empresários cresce, mostrando que esse não é o caminho. Assim, fala-se constantemente em pacto social no Brasil e ele não sai. Por que as pessoas não confiam no pacto social? Falta de ética política e empresarial são certamente motivo – embora não o único.

Na verdade, as pesquisas mostram que os dirigentes empresariais estão entre os mais visados pela população, que os vê como cartorialistas, sonegadores, exploradores, captadores de benefícios especiais etc. Como exemplo, há um dado real de uma auditoria de opinião conduzida em nível nacional na área ambiental. A pergunta: quem são os principais responsáveis pela degradação ambiental? A resposta foi "empresários e pecuaristas, porque seu interesse único é o lucro máximo". A população fez algumas exceções. Por exemplo, um líder dos favelados de uma cidade do Centro-Oeste disse: "é, não são todos os empresários que são assim gananciosos e exploradores. Tem uns, como esse tal Emerson Kapaz, que pensa também no País e nos trabalhadores".

Por essa razão, definir e adotar atitudes éticas na organização é um caminho para assegurar seu futuro, como mostra o primeiro mundo. É verdade que nem tudo são flores, como as cenas da Itália, do Japão ou do BCCI estão a mostrar. Mas a crescente pressão da sociedade civil, que entre nós tem características mais similares à dos Estados Unidos do que à do Japão, mostra que é preciso seguir o exemplo americano, onde a transparência nas relações com a sociedade deixou de ser uma exceção para ser regra na área empresarial. A ética não impede as empresas, nem os políticos, nem as entidades de ter sucesso.

Conclusão

O Brasil precisa que todos ajudem a mudar o clima de descrença e de falta de ética, e cada um de nós pode dar esse exemplo.

Podemos inverter a atual crise brasileira adotando normas éticas pessoais e profissionais e colaborando para que as organizações para as quais trabalhamos tenham códigos de ética organizacional que sejam efetivamente cumpridos. Esta é a contribuição de que o País precisa para que a roda do futuro comece a virar numa direção diferente.

* Publicado originalmente nos *Anais Intercom* (Vitória), em setembro de 1993.

ÉTICA NOS NEGÓCIOS

Será muito interessante para o País se as denúncias na CPI da Comissão do Orçamento tiverem o mesmo efeito sobre a ética empresarial que o escândalo das vendas de aviões, armas e outros equipamentos americanos provocou nos Estados Unidos na década de 70.

Na época, uma série de denúncias de suborno a autoridades internas e de outros países levou muitas das grandes empresas norte-americanas a adotar iniciativas na área ética para retomar a confiança de clientes, fornecedores e investidores. Como conseqüência, hoje a grande maioria das mil maiores empresas norte-americanas têm um código de ética claro e mecanismos adequados para sua percepção, adoção e acompanhamento por todos os funcionários, envolvendo auditoria, diretorias, conselhos etc.

Embora algumas empresas em vários países do mundo já tenham nascido com definições éticas em função dos princípios adotados por seus fundadores, a verdade é que na maioria foi necessário um impulso externo para que os códigos – e mais do que eles, a prática – se tornassem uma realidade. Veja-se o caso italiano da Operação Mãos Limpas, que rapidamente obrigou as grandes empresas do país peninsular a criar procedimentos éticos e buscar transformá-los em prática efetiva.

No Brasil, as pesquisas mostram que apenas uma insignificante parte das empresas se preocupa em adotar posturas éticas claramente definidas. Assim, as empresas denunciadas no Congresso são praticamente as mesmas que freqüentaram a lista da CPI do governo Collor e que provavelmente estarão envolvidas em qualquer outra averiguação de irregularidades que se faça neste país.

Da mesma forma que ocorreu nos Estados Unidos na década de 70, algumas dessas empresas brasileiras começaram a ter seus procedimentos éticos duvidosos contestados não só na imprensa, como também na Justiça em países do exterior, onde elas vêm buscando novos mercados. Se, no Brasil, as denúncias ainda afetam pouco seus negócios, no exterior a reação certamente será muito mais significativa e pode comprometer todos os resultados já conseguidos.

Muitas dessas empresas envolvidas nas denúncias de corrupção ativa no Brasil reúnem alta competência técnica e gerencial, além de apresentar crescimento e resultados muito favoráveis, tanto no País como no exterior. O que lhes falta é a clara adoção de princípios éticos no seu relacionamento com os governos – seus principais clientes –, com políticos e com a sociedade em geral.

Não se trata de definir um código de ética copiado de outras empresas e formulado como cópia dos *Dez Mandamentos*, que serve apenas para efeito de divulgação. A adoção de programas de ética envolve um amplo trabalho de busca de valores realmente praticados na empresa, sua discussão em vários escalões, a definição do que deve permanecer e o firme engajamento da alta direção na prática e na defesa dos valores tomados como base. Sem esses passos, a definição de uma série de princípios ou itens será apenas uma atitude promocional, sem credibilidade externa e muito menos interna.

Uma ética empresarial clara corresponde não apenas às exigências do momento, mas às tendências do futuro. Cada vez mais em todo o mundo, as pessoas e as organizações serão cobradas quanto a seus procedimentos. Pode-se dizer que a exigência de ética terá na próxima década um peso tão grande ou ainda maior do que teve a exigência de cuidados ambientais nos últimos dez anos. Até porque o respeito ao ambiente passa a ser apenas um dos aspectos necessários de uma postura ética.

É certo, portanto, que no Brasil consumidores, investidores, organizações civis, sindicais e outras vão cobrar das empresas clareza nos seus procedimentos éticos. Em conseqüência, os empresários precisam antecipar essa exigência da sociedade, criando nas suas organizações mecanismos de definição e adoção de práticas éticas que depois sejam consolidados em códigos. É este o único caminho para o sucesso empresarial nos próximos anos.

---

* Publicado originalmente na *Revista Brasileira de Administração* (Brasília) de janeiro-abril de 1994 e no *Diário do Comércio e Indústria* (SP) em 02/03/94.

ÉTICA EMPRESARIAL

O setor empresarial precisa tomar consciência de que a exigência de ética pela sociedade terá na próxima década um peso tão grande ou ainda maior do que teve a exigência de cuidados ambientais nos últimos 10 anos. Até porque o respeito ao ambiente tende a ser um dos múltiplos aspectos de uma postura ética.

O fenômeno não é brasileiro, mas mundial, sendo exemplares os casos da Itália – com a Operação Mãos Limpas –, do Japão e agora da França. Trata-se de uma tendência irrefreável e crescente, que vai determinar o futuro de todos aqueles que dependem da opinião pública: dos políticos às empresas. As recentes eleições no País permitiram verificar a generalização dessa exigência ética, que afastou candidatos majoritários com comportamentos duvidosos.

Como as empresas brasileiras podem se preparar para essa nova realidade, num país em que as considerações éticas ainda são mais freqüentes nos discursos do que no comportamento?

Identificar o que ocorreu no exterior e daí extrair lições que possam ser adaptadas às novas condições é o melhor caminho. Os Estados Unidos, onde a ética empresarial está mais desenvolvida, oferecem nesse sentido um exemplo muito interessante.

Na década de 70, uma série de denúncias de suborno a autoridades internas e de outros países levou grandes empresas norte-americanas a adotar iniciativas na área ética, para retomar a confiança de clientes, fornecedores e investidores. Como conseqüência, hoje a grande maioria das mil maiores empresas norte-americanas tem um código de ética claro e mecanismos adequados para sua percepção, adoção e acompanhamento. Estes envolvem auditorias, diretorias, conselheiros, treinamento e outros programas e estatutos de ética.

Essa sistematização tornou-se necessária mesmo nas empresas que já nasceram com definições éticas em função dos princípios adotados por seus fundadores. Na maioria delas, tanto nos Estados Unidos como em outros países, foi necessário um impulso externo para que os códigos – e, mais do que eles, a prática – se tornassem uma realidade. Os recentes casos da Fiat na Itália, que decidiu adotar um amplo programa de ética após a prisão de vários de seus diretores, e da decisão dos empreiteiros franceses de não mais pagar comissões são exemplos marcantes do efeito dessa pressão da sociedade.

Ao implantar seus programas, a partir de 70, os americanos verificaram rapidamente que não bastava a definição de um código de ética baseado no de outras empresas e formulado como cópia dos *Dez Mandamentos*. A adoção de programas de ética envolve um amplo trabalho de busca de valores realmente praticados na empresa, sua discussão em vários escalões, a definição do que deve permanecer e o firme engajamento da alta direção, na prática e na defesa dos valores tomados como base. Sem esses passos, a definição de uma série de princípios ou itens será apenas uma atitude promocional, sem credibilidade externa e muito menos interna.

Assim, a decisão de estabelecer um programa de ética empresarial deve ser vista como um projeto estratégico de alta significação para os negócios e de maturação lenta. Há uma série de passos a serem executados em seqüência, de modo a envolver toda a equipe, a partir da direção: definir parâmetros para novas contratações, determinar punições em caso de infringência da ética, formas de obter apoio ou efetuar reclamações etc. Os procedimentos e a ética empresarial precisam ter uma definição ampla, envolvendo desde os órgãos do governo aos clientes/consumidores internos, comunidade, ambiente. E, além da definição, é preciso que haja consenso e aplicabilidade, vigilância e punição.

É, portanto, urgente que os empresários busquem antecipar essa exigência da sociedade, criando nas suas organizações mecanismos de definição e adoção de práticas éticas, que depois sejam consolidadas em códigos. É preciso ter claro que considerar a ética empresarial como fundamental será o único caminho para o sucesso nos negócios nos próximos anos.

---

* Publicado originalmente na revista *Expressão* nº 50 (Florianópolis), em 1994.

ESTABELECENDO PROGRAMAS DE ÉTICA EMPRESARIAL

A criação, o desenvolvimento, a implantação e o gerenciamento de programas de ética são um desafio novo e fascinante, para o qual ainda existem muito poucos profissionais devidamente preparados em nosso país. Como essa será uma exigência crescente da sociedade, o empresário que deseja se preparar para o futuro precisará selecionar alguém com as características e conhecimentos básicos para viabilizar o processo, e depois possibilitar seu adequado treinamento e aperfeiçoamento. Detendo condições éticas pessoais e conhecendo a empresa, o profissional pode provir de todas as áreas, embora os ligados a comunicação e relações públicas levem alguma vantagem, porque o processo envolve praticamente todas as técnicas e ferramentas do setor.

O trabalho, que só deve ser iniciado se contar com total apoio e suporte da direção, abrange cinco etapas principais:

1ª) Determinação da cultura e dos valores efetivamente praticados na empresa, sua discussão nos níveis diretivos e a determinação daqueles que devem ser aprimorados, dos que devem ser mantidos e daqueles que é necessário descartar. Nesse momento, é possível identificar com maior clareza se a empresa/organização tem condições efetivas de definir um programa de ética empresarial ou se não é o momento.

2ª) Estabelecer um pré-código de ética da empresa a partir dos valores identificados e selecionados e discutir ponto a ponto com os vários níveis dos colaboradores, de modo a envolvê-los na definição e, portanto, na prática. A partir dessas reuniões/discussões, estabelecer o código de ética, que deve ser simples para ser entendido, absorvido e praticado. A adequada divulgação do código de ética é fundamental a partir desse momento, fortalecendo a convicção dos empregados existentes, estimulando o diálogo e a consulta e estabelecendo normas e critérios para admissão de novos funcionários. Para isso são necessários manuais, comunicados, materiais explicativos e motivacionais impressos e audiovisuais.

3ª) Deixar claro o universo de relações da empresa para o qual o código de ética deve trazer respostas (os públicos da empresa): clientes, consumidores (quando o cliente é intermediário no processo), instaladores ou consertadores, funcionários terceirizados, acionistas, fornecedores, comunidade próxima, governos etc. E orientar claramente as relações com cada um desses públicos.

4ª) Estabelecer um programa de treinamento e reciclagem permanente, com a preparação dos necessários materiais e métodos, que permitam respostas às dúvidas sobre a ética empresarial.

5ª) Criar sistemáticas de acompanhamento da ética empresarial através de um coordenador, formas simples de consulta e acesso a ele, punições explícitas – e, evidentemente, prêmios e elogios. De forma geral, o melhor coordenador é um funcionário antigo da empresa, respeitado por todos, de nível hierárquico alto, que tenha interesse por conduzir o programa. Quando isso não é viável, a maior parte das empresas tem buscado contratar ou desenvolver um *ombudsman* interno. O nome do cargo varia de empresa para empresa, desde coordenador de ética até vice-presidente de ética. Os sistemas de comunicação para esclarecer dúvidas não cobertas pelo treinamento e pelos materiais podem ser simplesmente a porta aberta ou uma linha especial ("linha vermelha") de acesso direto ao coordenador. Numa etapa seguinte, além do coordenador é geralmente necessário definir outros conselheiros de ética e criar sistemas de auditoria que possibilitem um acompanhamento eficaz.

Cada empresa ou organização é diferente da outra e deve criar sua própria mecânica para definir, implantar e gerenciar seu programa de ética organizacional. De uma ou de outra forma, esse é um desafio que precisará ser enfrentado por todas as organizações que querem garantir seu futuro. Para os profissionais envolvidos, a ética organizacional traz novas oportunidades de trabalho. E, principalmente, uma grande satisfação pessoal.

---

* Publicado originalmente na revista *Expressão* (Florianópolis), em julho de 1996.

ÉTICA EMPRESARIAL E COMPETITIVIDADE

O questionamento mais comum que tenho ouvido ao falar sobre ética organizacional, como uma proposta abrangente e efetiva, é se num país como o Brasil é possível adotar esses programas e continuar competitivo. Inúmeras dificuldades são apontadas: como atuar face a fiscais corruptos, se as leis facilitam sua vida e existe toda uma cumplicidade profissional? Como não dar contribuições por fora às campanhas eleitorais? Como pagar todos os impostos se os concorrentes não o fazem? Como fornecer aos governos sem pagar comissões ou fazer doações aos partidos pelo caixa-dois?

As respostas existem, mas não são simples e não se trata de uma questão exclusiva do Brasil, embora o problema aqui seja sério. Entre os desafios que o processo de globalização vem trazendo às empresas internacionais, um é compreender a cultura e o ambiente de outros países e tentar se adaptar a eles. A ética empresarial é parte nesse processo de adequação das empresas globalizadas, que vêm competindo em diferentes países, com diferentes níveis de exigência.

Como o crescimento inicial dos programas de ética empresarial foi muito mais forte nos Estados Unidos do que em outros países, têm havido muitas reclamações de empresas norte-americanas ao perderem concorrências de grandes fornecimentos internacionais para competidores de outras origens, desobrigados do mesmo tipo de restrições comportamentais. Mas o crescimento das exigências éticas da sociedade vai fazer com que toda grande empresa internacional seja obrigada a desenvolver seus programas de ética empresarial, de forma semelhante ao que vem ocorrendo com os programas ambientais e de qualidade total. Foi o que aconteceu na Itália e na França após os escândalos das conexões político-empresariais, com a adoção de programas de ética abrangentes pelas principais empresas italianas e a decisão das grandes empreiteiras francesas de não mais pagarem comissões.

Esse movimento certamente acabará por refletir-se nos países em que grandes empresas atuam, ajudando a fazer com que a exigência de comportamento ético seja ampliada. Por outro lado, as empresas brasileiras que atuam em países do primeiro mundo vêm precisando adotar neles padrões éticos mais definidos, o que acabará também refletindo-se em seu comportamento em nosso país. Assim, cada vez mais, será não apenas possível, mas necessário, ter padrões éticos abrangentes para competir.

Essa tendência não é apenas uma perspectiva, mas já vem se mostrando real. Embora ainda exista a impressão de que empresas éticas no Brasil têm um diferencial competitivo negativo em relação às não éticas, a situação vem mudando. Quem analisa as empresas de maior sucesso a partir da década de 90 verifica que elas são, em sua maior parte, organizações em que a ética empresarial tem um papel significativo, mesmo quando não claramente expressa em programas, documentos e manuais.

A revolução tecnológica obriga as empresas a serem cada vez mais inteligentes. E, como diz o consultor norte americano Gifford Pinchot III, "organizações inteligentes exigem objetivos que valham a pena e essa tendência aponta para um sistema mais colaborativo, menos egoísta e independente. As organizações não podem alcançar inteligência sem uma cultura ética sólida, porque a inteligência não é estável sem a ética".

Organizações éticas são, portanto, capazes de competir com sucesso, trazer satisfação pessoal aos colaboradores, conquistar consumidores e acionistas e projetar um futuro promissor.

---

* Publicado originalmente na revista *Expressão* nº 70 (Florianópolis), em 1996.

ÉTICA E CONFLITOS DE INTERESSE

Os conflitos de interesse aparecem constantemente na atividade profissional e são um dos objetos das políticas e dos programas de ética empresarial. Por isso, é comum que mesmo empresas que não estabeleceram programas explícitos de ética organizacional tenham suas próprias regras para tratar os casos de conflito de interesse de seus empregados.

Entretanto, a questão não é tão simples como essas normas internas de algumas organizações parecem mostrar. As recentes discussões – ainda não concluídas – sobre como deve ser regulamentada a situação de dirigentes do Banco Central que se afastam do cargo mostram, por um lado, como é importante estabelecer padrões de ética para os conflitos de interesse e, por outro, como isso é complexo.

Mesmo porque, como em todos os casos, essas exigências só são levadas a sério pelos destinatários quando estabelecidas com regras claramente expressas, em conformidade com uma prática mais abrangente de valores e envolvendo sistemas eficazes de consulta, controle e punição.

Na relação empresa-empregado, em que é mais comum a existência de conflitos, estes são geralmente definidos pela existência de interesses particulares dos empregados que podem comprometer suas decisões em prejuízo da empresa, ou mesmo apenas colocar em dúvida a idoneidade de uma das partes. São casos típicos a participação de empregados ou seus parentes próximos em empresas que são distribuidoras, clientes ou fornecedoras do empregador. Ou, de forma similar, a participação em empresas concorrentes.

Embora na teoria isso seja muito simples, na prática não o é, particularmente em comunidades menores. E a questão se tornou ainda mais complexa agora que o número de postos de trabalho se reduziu, a terceirização de atividades se tornou comum e a absorção de empresas muda situações de um dia para outro.

Em conseqüência, existe uma crescente dificuldade em estabelecer rígidos padrões para os conflitos de interesse nas organizações, e boa parte das normas tende a ser burlada, ou esquecida.

Outros casos de conflito de interesse são também complexos para decidir. É, por exemplo, o caso de um potencial fornecedor que oferece uma viagem à sua matriz no exterior, com todas as despesas pagas e as mordomias possíveis; muitas vezes esse tipo de viagem é necessária para concluir a decisão de compra, que às vezes não se concretiza. O caso deve ser avaliado sem preconceitos, ficando claro que, se houver convites de dois fornecedores, ambos serão aceitos. E definindo nos padrões de comportamento ético que o convite deve ser dirigido à direção da empresa e não a um funcionário específico. É uma situação totalmente diferente de o funcionário receber um presente de valor de um fornecedor, que qualquer código de ética condena.

Organizar, comprar ou participar de uma empresa que atua num campo totalmente distinto do empregador cria ou não um conflito de interesse e um impedimento ético? Nem aqui a resposta é simples, porque em determinados casos, e talvez até na maioria deles, esta segunda atividade vai implicar o uso de tempo, serviços (como telefone) e outros recursos do empregador para atividades que não lhe dizem respeito.

Como se vê, a definição dos conflitos de interesse não é simples de ser feita isoladamente e, para ser adequada, deve estar inserida num programa mais abrangente de ética empresarial. Nas empresas que implantam programas de ética, a solução encontrada possibilita superar as dificuldades de uma regulamentação muito específica, que não tem condições de abrir espaço para exceções de forma transparente. O caminho adotado nessas empresas, que nos parece o único adequado, é definir claramente os casos em que pode ocorrer o conflito e criar comitês ou definir consultores internos que possam avaliar adequadamente como se comportar em cada caso.

---

* Publicado originalmente na revista *Expressão* nº 71 (Florianópolis), em 1996.

ÉTICA E TRANSFERÊNCIAS EMPRESARIAIS

Um dos problemas mais complexos para a definição da ética empresarial é a questão das transferências, seja no caso da desativação de unidades, seja no caso da venda do controle acionário. Como os dois processos vêm ocorrendo de forma crescente em nosso país em função da modernização, da globalização, da privatização e das fusões, é necessário definir parâmetros de comportamento ético, antes que tais situações surjam.

Vários aspectos precisam ser considerados nessa definição, a partir da análise de quem será afetado pela decisão e como é possível fazer com que cada segmento atingido sofra o menor dano possível, se não houver alternativas economicamente viáveis ao processo de transferência. Em todos os casos, o primeiro grupo afetado é o dos colaboradores da empresa, que no caso extremo perdem seu emprego, e nos casos menos drásticos vão sofrer com mudanças de valores, de chefias etc. Nesta época de desemprego tecnológico ou estrutural, o problema dos colaboradores que perdem suas posições é provavelmente o mais sério, embora também dependa da localização. O fenômeno da transferência de local vem afetando em primeiro lugar as empresas que absorvem grandes contingentes de mão-de-obra, situadas em centros populacionais maiores e mais desenvolvidos, onde os custos são mais altos, devido às condições urbanas e às pressões sindicais. Mas também ocorre em centros menores, onde às vezes é fechada a principal fonte de empregos. No primeiro caso, a situação, embora grave, pode ser atenuada pela busca de alternativas para quem ficar desempregado, enquanto na segunda hipótese isso é quase impossível, e outras alternativas precisam ser encontradas.

Mas os empregados não são os únicos a serem diretamente atingidos pelas transferências. Há os acionistas, os fornecedores, a comunidade, os clientes, que de forma mais ou menos intensa têm sua situação alterada. Quando o controle acionário é transferido, os dirigentes, que no Brasil são normalmente os donos da maioria do capital, se beneficiam ao receber recursos antes imobilizados. Mas os acionistas minoritários, detentores de ações preferenciais, são esquecidos e, na maioria das vezes, têm seu patrimônio desvalorizado.

Assim, os parâmetros éticos para os casos de transferência precisam ser bastante abrangentes e prever uma ampla variedade de circunstâncias. Sua definição deve inicialmente levar em conta que em muitos casos, por razões de mercado e outras, não é possível efetuar esses processos com a transparência que a ética empresarial recomendaria. Em conseqüência, é preciso redobrar a atenção com a forma de agir.

Existem algumas recomendações simples para quem adota procedimentos éticos na sua vida empresarial e se vê diante de uma transferência, que podem se resumidas nos seguintes pontos:

1- Nomeie um consultor de ética para o processo. Pode ser alguém externo, mas também pode ser um diretor, funcionário antigo etc. O básico é merecer confiança e ter sensibilidade social e para os negócios.

2- Dê ao consultor de ética todas as informações disponíveis e peça um plano abrangente de medidas que contemplem todos os segmentos afetados.

3- Discuta esse plano, defina as medidas aprovadas e dê conhecimento a todos os envolvidos no processo de transferência.

4- Mantenha o consultor de ética permanentemente atualizado sobre o processo, para que haja constantes ajustes no seu plano.

5- Na primeira hora em que for possível dar informações, priorize os segmentos mais próximos, mas seja rápido na informação geral.

Em qualquer circunstância é possível ser ético: basta ser sensível e lembrar que tudo no mundo pode ser feito evitando prejudicar os outros em benefício próprio.

---

* Publicado originalmente na revista *Expressão* nº 73 (Florianópolis), em 1997.

A COMUNICAÇÃO DO GOVERNO E O PESSIMISMO

O presidente da República tem manifestado preocupação com deficiências na comunicação do governo, que não vem conseguindo criar um clima favorável no País, apesar do sucesso no controle da inflação e de várias medidas importantes tomadas nestes primeiros semestres de seu mandato. As sucessivas manifestações pessimistas de lideranças empresariais, sindicais e sociais – umas significativas, outras menos – seriam reflexos de problemas na comunicação.

Certamente a comunicação do governo é deficiente, embora não possa ser atribuído apenas a ela o pessimismo de um grande número de lideranças e de cidadãos comuns. Há excesso de discursos, lentidão nas ações e formas de proceder inadequadas dificultando uma visão otimista do futuro.

Na comunicação, o problema existe não só no governo federal, mas nos vários níveis do governo. Não se trata de incompetência dos encarregados dessa função, mas de algo mais profundo que decorre da postura autoritária, paternalista e pouco transparente que sempre caracterizou a sociedade brasileira e seus governos, fortemente reforçada pelos dois períodos ditatoriais. Nossos políticos e nossos governantes não tiveram e não têm – salvo raras exceções – a intenção de se comunicar com a sociedade: querem se promover e vender sua candidatura e suas idéias, ou mesmo, em alguns casos, a falta delas.

Assim, não existe uma política de comunicação integrada e não são usados muitos dos instrumentos que possibilitariam melhorar as relações do governo com seus diversos públicos, motivando-os a assumir atitudes mais engajadas e favoráveis ao processo de mudança que estamos vivendo e que se prolongará. O governo se limita à utilização da propaganda, à distribuição de informações através de suas assessorias de imprensa e a entrevistas e declarações. Essas três atividades, embora importantes, não são um programa de comunicação, mas, no máximo, de divulgação e venda de projetos e idéias. Comunicação é um processo de duas mãos, que depende do receptor; ou seja, só ocorre se houver possibilidade de diálogo.

Mesmo na divulgação, o governo deixa de utilizar alguns dos melhores instrumentos de que pode dispor para motivar a população, como ressaltou recentemente Alex Periscinotto, um dos mais competentes profissionais de comunicação do País, lembrando as iniciativas tomadas pelo presidente Franklin D. Roosevelt para motivar os americanos a não perderem a confiança no país e nos valores fundamentais americanos, durante a crise do início dos anos 30. Utilizando-se de programas adequados, o governo, com custos menores, pode levar a população, e particularmente suas lideranças, a reforçar sua crença no futuro e a ajudar a construí-lo.

É, entretanto, necessário melhorar muito o processo de diálogo com a Nação, onde se localiza a principal falha do governo, que vem se mostrando incapaz de buscar uma negociação aberta com interlocutores da sociedade civil fora de seu grupo de intelectuais e amigos, para definição e implementação das reformas que a grande maioria dos brasileiros deseja ver rapidamente realizadas. Dialogar com deputados e senadores é certamente importante, mas não basta: sua representatividade é muito limitada, em função de uma legislação espúria, construída para evitar ligação e cobrança eleitor-eleito mais eficazes. A conseqüência é termos um número recorde de medidas provisórias – um instrumento autoritário e antidemocrático – e nenhum segmento social se sentir satisfeito.

O governo tem realizado alguns esforços nessa direção, mas de forma geralmente inadequada. Os Conselhos que têm sido criados são um exemplo típico dessa inadequação: são constituídos exclusivamente (ou quase) por amigos ligados ao setor acadêmico e a empresas cujos resultados dependem diretamente da especulação financeira e da posse de informações privilegiadas, justamente um dos pontos mais criticados na condução da política econômica. Não se trata de pôr em dúvida a competência ou a idoneidade dessas pessoas. Mas certamente ouvir apenas os amigos – interessados ou não na proximidade com o governo – é negativo, não só pela limitação das sugestões, como pelo reflexo na sociedade, cuja cobrança de ética será cada vez maior.

Mudar o clima do País, passando da aceitação e do pessimismo para uma postura de participação e envolvimento da sociedade é relativamente fácil: basta alterar algumas formas de proceder e utilizar adequadamente e de forma transparente as diversas alternativas e ferramentas que o processo de comunicação possibilita. É isso o que os brasileiros esperam e confiam que o governo do presidente Fernando Henrique se mobilize para fazer.

* Publicado originalmente no *Diário do Comércio* (SP), em 16/08/96.

ÉTICA EMPRESARIAL E POLÍTICA

O Brasil vive uma fase de intensa busca de transparência, que reflete, de forma não claramente expressa, as crescentes exigências éticas da sociedade. Embora possam causar espanto, as constantes revelações de falcatruas e procedimentos ilegais na esfera pública e privada são um demonstrativo de que aumenta a consciência da necessidade de mudar padrões de comportamento inadequados, que se tornaram habituais nas últimas décadas. A falta de um sistema judicial eficaz para tratar os crimes de colarinho branco vem sendo parcialmente suprida pela ação da imprensa e de outros agentes sociais, empenhados em passar o País a limpo.

A corrupção de políticos e funcionários governamentais foi, nos últimos anos, uma forma eficaz de ampliar negócios e ganhar substanciais quantias de dinheiro com a segurança propiciada pelo sigilo bancário e pelas possibilidades de lavagem de dinheiro que a legislação e a falta de fiscalização permitem.

Muitos empresários se encantaram por essa possibilidade e entraram no jogo. Hoje, alguns começam a ficar preocupados com os riscos de acabarem sendo pegos numa das investigações que vêm ocorrendo na esfera política ou dos órgãos de imprensa, como ocorreu no caso da CPI dos Precatórios, em que a denúncia acabou atingindo igualmente quem tinha muita, pouca, ou quase nenhuma culpa (e talvez até quem não tem culpa, mas isso parece pouco provável).

Possivelmente, apenas a minoria das empresas se beneficia dessas ligações espúrias com o poder. Mas, de forma similar, embora envolvendo menos recursos, é grande o número de organizações que vêm adotando procedimentos não apenas ética, mas também jurídica e tributariamente condenáveis. Importação e exportação sub ou superfaturadas, caixa-dois, quilo de 900 g, remessas ilegais para o exterior, uso de recursos públicos para fins privados e outras irregularidades não são hábitos estranhos à grande maioria dos dirigentes. Infelizmente, embora muitos tenham a clara consciência de que essas não são formas adequadas de agir, acabam seguindo o exemplo global para não serem "mais bobos que os outros".

A democracia, a imprensa livre, as crescentes exigências da sociedade, a necessidade de se integrar ao processo de globalização (e poder demonstrar números corretos) são fatores que exigem um novo posicionamento das organizações, que envolve suas relações internas, com a comunidade, com os governos e os políticos, com os consumidores.

A única resposta adequada a essa necessidade de mudança é a implantação de programas de ética empresarial que, embora não apaguem o passado, permitem evitar seduções difíceis no futuro. Foi em condições similares que se implantaram esses programas nas grandes empresas norte-americanas, italianas e francesas.

É preciso ter claro que as questões éticas e da corrupção não são apenas morais, mas também econômicas. Toda a sociedade e as próprias empresas, com raras exceções, têm a ganhar com a redução da corrupção. Um estudo da Câmara Brasileira de Construção mostrou que, antes da atual Lei das Licitações, 95% dos negócios ficavam com 7% das empresas, que detinham maior proximidade com o poder. Depois da lei, o número dos que passaram a ter acesso a esses contratos mais do que dobrou, criando novas oportunidades para outras empresas. Assim, a luta pela ética na política é complementar à implantação de programas de ética empresarial e as duas devem fazer parte das prioridades dos dirigentes de organizações que estão voltadas para o futuro.

---

* Publicado originalmente na revista *Expressão* nº 75 (Florianópolis), em 1997.

REVOGAR O QUE SOBROU DO PACOTE DE ABRIL

Há 20 anos, no dia 14 de abril, o presidente Geisel editou 17 alterações na Constituição, seis decretos-lei e dois atos complementares, depois de ter colocado o Congresso Nacional em recesso no dia 1º de abril. Foi mais uma violência do período militar, da qual até hoje nos ressentimos, pois a Constituição de 1988 não só manteve como ampliou um dos resquícios mais antidemocráticos do "pacote de abril".

Para garantir a continuidade da maioria governista na Câmara dos Deputados, o presidente Geisel, os generais Golbery e Hugo de Abreu e os restantes membros do grupo de assessoria distorceram substancialmente o princípio democrático de "uma pessoa, um voto" que caracteriza a representação proporcional. Assim, foi fixado em oito o mínimo de representantes de cada Estado e em 60 o máximo, com o que os Estados menos populosos passaram a ter uma representação desproporcional em relação aos demais, fazendo com que o voto do brasileiro para a Câmara dos Deputados tenha diferente valor conforme o local onde está residindo. Com a criação de novos Estados a distorção foi ampliada e hoje há oito Estados e o Distrito Federal super-representados, onde o voto de cada brasileiro vale mais. Além dos moradores dos quatro territórios (Amapá, Acre, Roraima e Rondônia) e do recente Estado de Tocantins, também são privilegiados com o voto que vale mais do presidente Geisel os habitantes dos dois Mato Grosso, do DF e de Sergipe. Assim, quem muda de um desses Estados para outro tem o valor de seu voto reduzido e quando ocorre o contrário o poder do voto é maior!

Além dos políticos vinculados ao regime militar, para os quais a democracia representativa nunca foi algo muito significativo, há poucos outros homens públicos que defendem essa distorção. O argumento dos que o fazem é sempre o mesmo: é preciso dar mais força política aos Estados com menor expressão econômica, que sem isso ficariam pouco representados. O argumento é extremamente falacioso, além de desconfortavelmente antidemocrático, porque os deputados não são representantes dos Estados: eles deveriam sê-lo da população brasileira e é por isso que a proporcionalidade é fundamental para garantir o conceito de "uma pessoa, um voto". Os representantes dos Estados são os senadores e é por isso que seu número é o mesmo para todos, independente da população.

Agora que se inicia a discussão da reforma política, esse é certamente um ponto que precisa ser debatido pela Nação e reformulado pelo Congresso. Pode-se até pensar numa forma intermediária, a eleição de um mínimo de três deputados por Estado, para que este número não seja inferior ao de senadores, o que criaria outro tipo de distorção. Os demais 429 passarão a ser distribuídos proporcionalmente pelos Estados, com atualização periódica para acompanhar os movimentos populacionais.

É preciso aproveitar o momento das reformas para revogar o que sobrou do "pacote de abril" de 1977, fazendo com que todos os brasileiros sejam mais iguais nos seus direitos políticos, ao contrário do que desejava o regime militar ao criar cidadãos com voto de primeira e de segunda classe. Sem essa reforma, é inútil pensar em voto distrital misto – vamos ter distritos muito populosos com um representante e distritos com pouquíssimas pessoas também com um representante, criando novas distorções.

Reforma já: um homem, um voto.

---

* Publicado originalmente no *Jornal da Tarde*, em 05/05/97 e, ligeiramente modificado, na *Gazeta Mercantil*, em 20/04/99.

ESCÂNDALOS E ÉTICA EMPRESARIAL

Estamos vivendo, nestes últimos tempos, uma etapa muito especial na história brasileira. Desde 1991, multiplicaram-se as denúncias de corrupção e fraudes em todos os setores: são bancos privados, como o Econômico e o Nacional, que desviaram recursos dos seus depositantes. São os bancos estatais e o próprio Banco do Brasil e a Caixa Econômica Federal, que emprestaram recursos a políticos amigos e governos que não pagam. São políticos e funcionários públicos que recebem propinas para facilitar negócios e empresários que se dispõem a corrompê-los para aumentar seus lucros. São juízes que dão sentenças absurdas contra instituições públicas para receber parte do roubo. E vão por aí as denúncias, como foi o caso recente do desvio de recursos destinados ao pagamento de sentenças em que Estados e Prefeituras foram condenados a pagar por desapropriações e outras iniciativas, os já famosos precatórios. Somam-se a isso tudo as fraudes menores: o contrabando, a sonegação de impostos, o caixa-dois, os médicos e dentistas que dão descontos para quem não quer recibo, os restaurantes que perguntam de qual o valor quando se pede a nota fiscal, como se fora natural o roubo.

De tanto ouvir essas notícias, a tendência de muitos de nós é desanimar. Será que de repente passamos a viver num país em que todos são corruptos e fraudadores, onde não é possível atuar corretamente? A resposta é não. Há certamente um número muito grande de pessoas que se deixaram envolver por esse clima de faroeste, de vale-tudo moral, mas em todas as áreas também há quem não aceite esse comportamento antiético e procure adotar normas de conduta adequadas.

Entre empresários também há aqueles que procuram manter uma atitude correta, não apenas em seus negócios, mas também através de participação social e política. Basta lembrar que um movimento de empresários, o PNBE, foi responsável, junto com outras entidades, pelo Movimento pela Ética na Política, que iniciou a ação para o *impeachment* do presidente Collor.

As denúncias que vêm se sucedendo incomodam, mas são muito positivas para o País. A corrupção, a fraude, o roubo sempre existiram e não são problemas exclusivos do Brasil. A grande diferença é que, nos países do primeiro mundo, elas são denunciadas e o responsável é julgado e vai para a cadeia. Aqui, o hábito era não denunciar e, quando a denúncia acontecia, o julgamento dos corruptos acabava em nada, ou como se diz popularmente, acabava em pizza.

Agora estamos parando de varrer a corrupção para debaixo do tapete e tirando velhos esqueletos de dentro do armário. Infelizmente, nossas leis e nossa Justiça não ajudam muito, mas já tivemos, pelo menos, alguns casos em que os corruptos foram presos e uma parcela do dinheiro desviado foi recuperado.

Por essas razões, os empresários precisam participar ativamente da luta para termos um país mais ético, mais correto, onde a corrupção e a fraude não sejam aceitas como naturais e onde haja punição para os crimes de "colarinho branco". A luta é de todos nós, brasileiros, que queremos um país melhor para nossos filhos e netos. E é uma luta de todo dia, não aceitando nem participando de fraudes e nem mesmo de pequenas infrações à lei. Não há pessoa meio ética, como não há mulher meio grávida. E a regra vale também para os empresários, de quem a sociedade espera exemplos positivos de comportamento ético.

* Publicado originalmente na revista *Expressão* nº 76 (Florianópolis), em 1997.

ÉTICA EMPRESARIAL E O CONSUMIDOR

O consumidor no Brasil está, desde 1991, protegido por uma das legislações mais completas do mundo, e tem ainda a defendê-lo uma série de entidades estatais, para-estatais e não governamentais. Conta com apoio dos veículos de comunicação, que em sua maioria dispõem de um espaço para as reclamações de quem foi mal atendido, muitas vezes com uma repercussão mais fortemente negativa do que a da ação legal.

Somada a esse aparato de proteção, existe uma visão histórica do comércio e dos prestadores de serviço sobre a necessidade de tratar bem o cliente, que se expressa por frases do tipo "o freguês tem sempre razão" e outras similares, que estão incorporadas à filosofia ou ética da maior parte das empresas.

Apesar disso, continua existindo uma insatisfação bastante generalizada com o atendimento e o serviço prestados pelos vários agentes da economia privada, para não falar da péssima qualidade de muitos serviços públicos.

Seria de esperar que a soma do interesse comercial em manter o consumidor satisfeito e o receio de ser atingido por medidas legais ou publicidade negativa fosse suficiente para garantir a prestação de um serviço de boa qualidade, ou seja, fazer aquilo que modernamente se chama encantar o cliente.

Por que isso nem sempre acontece? Será que há tantos empresários que não sabem qual é a importância de garantir a fidelidade do cliente e o alto conceito da marca, que são parcela tão importante do seu patrimônio empresarial?

Tenho observado, na minha vivência como consultor, e mesmo como consumidor, que o principal problema na inadequada postura em relação ao cliente decorre principalmente de uma falta de envolvimento da equipe com os valores e os princípios da empresa. Em parte isso ocorre porque eles não são suficientemente explícitos, em parte por uma postura de relativo desinteresse em relação ao futuro do negócio que muitos empregados adotam por se sentirem peças descartáveis da engrenagem da empresa, e ainda em função de uma falta de sintonia entre o que se diz e o que se pratica.

Assim, é muito comum as empresas ressaltarem a importância dos clientes no seu discurso ou até nos seus escritos, mas se comportarem de forma diferente na prática. Um exemplo muito comum é o das empresas que só dão desconto a quem pede; para os empregados, independente do que se diga ou proclame como filosofia do negócio, a conclusão é óbvia: o cliente é alguém de quem se deve tirar o máximo, se não pediu desconto é um trouxa, merece ser explorado. Com esse procedimento "esperto", é difícil convencer qualquer funcionário de que a empresa tem respeito pelo consumidor e espera que ele adote a mesma postura.

A adoção de princípios éticos efetivamente praticados na empresa, seja em relação ao consumidor, seja em relação aos funcionários, ao governo ou a outros segmentos da sociedade, não é uma iniciativa apenas moral, mas uma decisão importante para a permanência na atividade.

O aumento da competição, em função do processo de globalização, tornará cada vez mais difícil manter a lealdade dos clientes, obrigando os empreendedores e dirigentes de empresas a demonstrar, de forma constante, que estão preocupados em prestar o melhor serviço e atendimento aos seus consumidores. E, para isso, a ética empresarial efetivamente praticada e claramente percebida por todos que trabalham e se relacionam com a organização tem papel muito significativo, ajudando a garantir o futuro do negócio.

---

* Publicado originalmente na revista *Expressão* nº 77 (Florianópolis), em 1997.

ÉTICA SEM PAREDES

Expressão – Qual é a ética do capitalismo globalizado deste final de século?

Humberg – É muito difícil, senão impossível, estabelecer um padrão ético para todos. O que é fundamental é sempre ter consciência de respeitar o ser humano. Cada vez que você não respeita o ser humano você não está sendo ético. Como no caso das prisões, onde não se está sendo ético, porque não se respeita a dignidade humana. É preciso respeitar as diferenças não pelo fato de eu achar que estou certo e que você está errado. Você pode estar tão certo quanto eu a partir de outros padrões. Existe um campo intermediário, mas existem alguns valores que têm que ser tomados como base em qualquer país e em qualquer situação. Temos que respeitar a dignidade humana, garantida pela carta da ONU, e respeitar as diferenças éticas, sociais e culturais.

Expressão – Conceitualmente é perfeito. Mas, na prática, as pessoas cada vez mais são obrigadas a abrir mão de conquistas e valores que nortearam nossa civilização até o momento, chantageados pela necessidade de manter as empresas funcionando em cada cidade, em cada país...

Humberg – Na verdade, a preocupação ética vem crescendo apesar disso. Estamos vivendo uma época de nebulosa transição. Por que em alguns países os direitos eram abrangentes, como no caso dos da Europa, e, em compensação, numa série de países não existia direito algum? O que está acontecendo é que o processo de globalização está sacrificando os direitos adquiridos por uma parcela privilegiada da população mundial. As pessoas também já não têm uma visão muito clara de em quais valores se agarrar. No Brasil, de repente, está havendo até uma certa reação negativa às denúncias de corrupção. Essa coisa de dizer que o País está pior não é verdade. Acho que está melhor. Os precatórios são apenas a ponta de uma estrutura estatal corrupta. Mas não é só estatal: lembre-se de que, se há corruptos, há corruptores. O País também viveu períodos de muita instabilidade política. As coisas ficaram sem discussão durante muito tempo e houve certamente um decréscimo do ponto de vista da preocupação ética. Não quer dizer que as atitudes no passado fossem mais ou menos éticas. Fato é que hoje se criou uma certa flexibilidade ética, que todo mundo acha que pode conversar abertamente sobre sonegação fiscal, por exemplo. Esse tipo de conversa não quer dizer que esses temas sejam novos, mas a facilidade de falar sobre coisas não tão éticas representa uma certa queda do valor ético global.

Expressão – Mas que ética fundamenta a transferência de fábricas em busca de salários menores e incentivos fiscais, condenando à decadência as comunidades onde elas foram geradas, cresceram e prosperaram?

Humberg – Hoje há um clima de faroeste. Em certos aspectos as pessoas deixam de lado alguns valores porque têm que sobreviver. A relação de muitas empresas da Região Sul com as comunidades sempre foi muito forte. Só que ela está sendo substituída por uma necessidade de manter a empresa funcionando. Estamos vendo os reflexos da globalização sobre as indústrias têxteis e de calçados, um fenômeno que, no meu entender, parece inevitável. Acho que a gente não pode se contrapor à globalização, mas podemos nos preocupar mais para que todos os que têm uma parcela de interesse na empresa participem mais ativamente de suas decisões: os acionistas, os empregados, as comunidades e o próprio governo. A comunidade pode e deve criar condições mais competitivas para a empresa, de modo que ela possa continuar ali. Também é preciso que haja um pouco de consenso entre os elementos que compõem o universo da empresa para que eles possam conviver com um resultado socialmente menos prejudicial quando ocorrerem as transferências. O que me preocupa é que o empresário deve ter uma preocupação maior com a comunidade em que ele atua. Ele não pode esquecer esse valor.

Expressão – Suponha que um empresário vá participar de uma licitação. Um dos assessores diz: "Faça as coisas corretas, respeite o interesse da sociedade"; e outro debate: "Aqui no Brasil isso não funciona, você tem que conhecer quem são os sujeitos que vão julgar". Quem ele deve ouvir?

Humberg – Existe a imagem no Brasil de que sem dinheiro por fora o empresário está fora de muitos negócios. O que não quer dizer que seja sempre assim. Tem casos em que realmente o dinheiro por debaixo do pano resolve a situação. Infelizmente, isso vai levar um tempo para mudar, não vai ser rápido, porque há muita gente se aproveitando da situação. Mas eu tenho a sensação clara de que, com a moralização e a maior transparência de nossa política, o País caminhará para um processo mais ético.

Expressão – As empresas se parecem muito com o dono. Se ele é corrupto, a tendência é que o diretor seja corrupto e o faxineiro não veja nenhum problema em levar detergente para casa...

Humberg – Olha, a ética é como a água: corre de cima para baixo. As estatísticas mostram que os roubos e as corrupções nas empresas crescem continuamente. São pessoas internas que em conluio com outras externas fazem compras desnecessárias, vendem por preços abaixo da tabela, fazem transferências ilegais. Enfim, o número de falcatruas é muito grande. Prova disso é que cada vez é maior o número de auditores internos dedicados a esse trabalho. No geral, trata-se de um sintoma da falta de ética dentro das empresas. Se o patrão trabalha com caixa-dois e todo um sistema paralelo de controle, evidentemente ele não consegue fazer com que seus funcionários acreditem que eles não têm o mesmo direito.

Expressão – Essa história remete para uma certa hipocrisia empresarial. Fala-se em direito do consumidor, fala-se em proteção ao meio ambiente, fala-se em participação na comunidade. Há muita mídia, muito marketing. Mas, em muitos casos, há um fosso entre o discurso e a prática...

Humberg – Eu não diria que o fosso é maior que antes. Esse é um dos efeitos da tecnologia, porque num tempo em que a comunicação está *on-line* a imagem da empresa acaba refletindo mais rapidamente o que a empresa realmente é. É muito difícil hoje dissociar a imagem da identidade da empresa. Antigamente era difícil alguém descobrir que a empresa não era nada do que sugeria sua bela campanha publicitária. Agora, qualquer coisa que aconteça é rapidamente divulgada pela mídia. A pressão da sociedade sobre as empresas está crescendo e junto com ela cresce a preocupação ética das corporações.

Expressão – Com os programas de qualidade, quase todas as empresas penduraram um quadrinho com seu código de ética. Qual a importância disso?

Humberg – Recentemente, um dos maiores especialistas mundiais no assunto disse que nos Estados Unidos 90% das empresas têm códigos de ética, mas isso significa pouco, porque no dia-a-dia ele acaba sendo apenas mais um papel colocado na parede. Com o tempo a tendência é que o papel envelheça ou que as empresas percebam o porquê da existência dos códigos.

Expressão – Como discutir ética dentro das empresas?

Humberg – O primeiro passo é reconhecer os valores da empresa. Isso em geral não se tem claramente, só de maneira informal. Se você vai trabalhar numa empresa e um colega diz: "Aqui é melhor não fumar", ou "Aqui, se você chegar atrasado, dá três dias e te mandam embora", está falando dos valores da empresa. Ou seja, há valores maiores, menores. Portanto, a primeira tarefa é ver o que realmente a empresa e as pessoas valorizam e praticam. Depois se pode começar a discussão. Será que esse valor é legal? Será que é legal continuar fazendo isto? Como que a gente pode fazer isso?

Expressão – E se o chefe acabar questionado?

Humberg – Todo o processo de implantação de um programa de ética implica rediscutir o poder do chefe, permitir contestações.

Expressão – Um empresário que aprendeu a corromper, mas que tem dúvidas sobre o futuro de seus métodos, o que deve ensinar ao filho?

Humberg – Eu até tenho esperanças nos nossos políticos porque o que eles mais querem é o poder, e se precisar ser honesto para isso eles vão ser. A mesma coisa com os empresários. O principal objetivo de um empresário é garantir a permanência de sua empresa, não é ganhar dinheiro. O que motiva é a idéia de construir uma empresa, de expandi-la. E qualquer empresário de bom senso vai descobrindo que precisa adotar procedimentos éticos.

Expressão – O emprego é a grande questão deste fim de século. Que ética é essa que privilegia o capital e marginaliza o homem?

Humberg – Essa, talvez, seja a maior preocupação ética contemporânea. Você não pode recomendar à empresa que mantenha os empregados porque ela não conseguirá competir. E os novos processos são economizadores de trabalho. Então, vamos viver um tempo onde se produz mais e melhor com menos pessoas. O grande desafio ético nos próximos tempos será construir um mundo mais limpo e com menos excluídos. É preciso considerar que os excluídos sempre existiram. Só que agora são de outra categoria: tem doutor, engenheiro, médico. Esse é um problema que vai levar um certo tempo para ser resolvido porque depende de uma mudança na estrutura da forma de trabalho.

Expressão – Como começou toda esta onda de ética nas empresas?

Humberg – Na década de 70, nos Estados Unidos, quando descobriram que a Lockheed conseguira vender aviões graças a subornos a compradores do exterior, usando o popular homem da mala. Os Estados Unidos são um país bastante moralista, e o caso fez com que as empresas se reunissem para discutir isso. Isso aconteceu recentemente na Itália. A Fiat teve três diretores presos e foi obrigada a renovar seu código de ética. Na França, os empreiteiros fizeram um acordo para não pagar mais comissão aos políticos porque a coisa começou a ficar contra eles, mas acabaram presos. Ou seja, por pressão da sociedade os procedimentos começaram a mudar. Hoje, empresas como a Motorola têm códigos de ética não só definidos mas efetivamente praticados. Tudo detalhado: procedimentos, penas, previsões de comportamento em situações duvidosas.

Expressão – No Brasil...

Humberg – Estamos no começo da discussão. Todas essas discussões dos anões do orçamento, dos precatórios e tantas outras, estão mudando o comportamento. Mais do que o governador ter medo, o escândalo dos precatórios fará os fundos de pensão, o Bradesco ou o Itaú pensarem cinco vezes antes de entrar nesse negócio, porque eles podem realmente comprometer o futuro dessas entidades e empresas. O que antes passava batido agora não passa mais. As empresas vão passar a ter mais cuidado.

Expressão – A ética é realmente a próxima onda?

Humberg – Eu tenho certeza disso. A ética vai ter nos próximos anos o mesmo papel que a conscientização ambiental teve neste final do século XX.

---

* Entrevista concedida à revista *Expressão* nº 78 (Florianópolis), em 1997.

ÉTICA – O EXEMPLO AMERICANO

Há 20 anos havia nos EUA apenas três livros sobre ética empresarial e nas faculdades quase não existiam aulas sobre o tema. Hoje há mais de 70 livros sobre ética empresarial e em todas as mais de 7.000 faculdades do país há cursos a respeito, sendo que 90% dos alunos de administração fazem a cadeira. O comentário é do professor Thomas Donaldson, que ensina *Business Ethics* na Wharton School, da Universidade da Pennsylvania, em recente palestra na Fundação Getúlio Vargas, em São Paulo.

Para Donaldson, que é também autor de vários livros e consultor de empresas como AT&T, Disney, IBM, Motorola, Johnson & Johnson etc., essa explosão do interesse pela ética é decorrência do aumento de visibilidade das empresas e da crescente exigência da sociedade, que leva as organizações e os profissionais que as dirigem a adotar comportamentos que sejam bem aceitos.

Ele chama, entretanto, a atenção para alguns problemas que ainda persistem nos EUA, e que certamente são ainda mais significativos entre nós, que apenas estamos engatinhando no setor. O primeiro deles é que "ética é como água, só corre de cima para baixo". Ou seja, se o exemplo de comportamento não vem da cúpula, não há programa que possa ter sucesso. Outro ponto importante da experiência americana é que a simples introdução de códigos de conduta ou de ética tende a aumentar o comportamento ilegal, pela existência de regras não incorporadas pelos funcionários.

Também significativas são as razões apontadas por Donaldson para a infringência dos códigos, mesmo quando corretamente introduzidos nas empresas. A principal delas é um stress excessivo, como foi o caso da explosão da fábrica de Bhopal da Union Carbide; outra é a obsessão pelas metas, que muitas vezes leva as pessoas a passar por cima dos princípios. E uma terceira é a falha de comunicação pelo uso de linguagem inadequada.

Já que as irregularidades existem, apesar dos programas e códigos de ética, é interessante saber o que fazem as pessoas quando delas tomam conhecimento. Uma pesquisa realizada entre 5.000 gerentes financeiros americanos, e respondida por cerca de 2.000 deles, mostrou que mesmo nos Estados Unidos, onde é menos comum o espírito de cumplicidade, dos que souberam de alguma irregularidade, 35,8% não fizeram nada, contra 11,6% que tomaram alguma providência corretiva. Falar para o chefe ou com o funcionário que cometeu a irregularidade foi a atitude mais comum.

Os programas de ética devem partir do pressuposto de que a maioria das pessoas quer atuar eticamente, segundo Donaldson. Usando uma imagem bem americana, ele diz que "o segredo não é evitar as maçãs podres, mas ajudar as pessoas corretas a fazer as coisas corretamente". Diz ele: "É claro que não se pode saber com certeza qual o comportamento de cada pessoa diante de determinadas situações" ou, usando outra imagem, "as pessoas são como os saquinhos de chá, cuja cor só se conhece ao colocar na água".

Não se pode transplantar diretamente para nossas condições a experiência americana, uma vez que os valores básicos da sociedade brasileira não são os mesmos. Mas certamente há lições importantes a extrair dos conceitos, pesquisas e prática das empresas e consultores dos EUA. As mais importantes são: a necessidade de confiar nas pessoas e em seus valores e dar a oportunidade de agirem segundo eles; a adoção da transparência como hábito; e a abertura para discutir procedimentos e atitudes. Sempre lembrando, como fez Donaldson em sua palestra, a importância dos valores. São eles que permitem dar respostas adequadas em crises, motivar as pessoas, facilitar alianças, superar com união os momentos difíceis. E principalmente garantir o futuro da empresa.

---

* Publicado originalmente na revista *Expressão* nº 79 (Florianópolis), em 1997.

ÉTICA E PIZZA

O número de vezes em que no Brasil os processos contra pessoas de destaque na vida econômica e política "terminam em pizza" – como se convencionou dizer – parece tornar desanimadora a insistência no tema ética empresarial. Ainda recentemente tivemos na grande pizzaria do Congresso Nacional uma série de casos com um final decepcionante, como os do deputado Marquinhos Chedid, do deputado Pedrinho Abraão, dos precatórios, da compra de votos, da corrupção na Amazônia etc. Se é verdade que nenhum dos políticos envolvidos nessas falcatruas foi punido (alguns renunciaram a tempo de evitar o problema), também é verdade que foram atingidas várias das empresas financeiras que intermediaram o negócio dos precatórios e ficaram com uma parcela, aparentemente modesta, dos lucros.

Talvez algumas dessas instituições tenham procedido de boa fé, mas quase certamente a grande maioria (ou a totalidade) participou do negócio espertamente pela interessante oportunidade de lucro, mesmo sabendo que havia algo duvidoso no processo, convencidas de que a provável falcatrua certamente não viria à tona devido à forte influência dos políticos envolvidos. Erraram e, pelo menos até o momento, foram punidas pelo desvio ético.

Essa questão da não aprovação, ou não condenação dos chamados crimes do colarinho branco e do comportamento antiético de personalidades de destaque, não é privativa do Brasil, nem dos países do terceiro mundo. Só recentemente começaram a ser condenados grandes empresários e lideranças políticas envolvidos em suborno e outras atividades ilícitas na Europa, no Japão e na Coréia. Alguns casos são, entretanto, exemplos, como o do ex-presidente do grande conglomerado espanhol Banesto, Mario Conde, condenado, em março deste ano, a seis anos de prisão por ter desviado recursos do banco para sua empresa. Ou do presidente da Fiat, Cesare Romiti, condenado, em abril, a 18 meses. E ainda, o do diretor do DG Bank, sentenciado a cinco anos e meio de prisão.

O fato é que existe uma forte pressão social no mundo todo em favor do aumento da ética nos negócios e ela vem se refletindo na administração corporativa. A transparência financeira é uma exigência dos investidores globais que se reflete no dia-a-dia das empresas à medida que se amplia o processo de internacionalização. No Brasil, ela tem gerado inclusive novos negócios para empresas de auditoria, que têm sido procuradas para regularizar a situação fiscal e contábil de organizações acostumadas a trabalhar com caixa-dois e outros sistemas ilegais, interessadas em associação ou venda do controle a grupos do exterior, que não aceitam seus números.

Os grandes fundos dos Estados Unidos estão elaborando códigos de conduta para as empresas nas quais aplicam seus recursos. Empresas internacionais que adotam posturas éticas passaram a denunciar clientes que usam procedimentos escusos, como foi o caso da ABB, que entregou à promotoria de Zurique provas de que os gerentes de compra da Volkswagen exigiam propina para comprar seus equipamentos. Esse processo está se estendendo a outras empresas automobilísticas onde a informação sobre o costume da exigência de propinas é de conhecimento geral. Na Europa, 200 juízes e promotores se uniram para formar a "Igualdade Perante a Lei" e exigir punição mais efetiva nas infrações legais realizadas pela elite empresarial e política.

A situação não muda da noite para o dia, nem na Europa, muito menos no Brasil, mas ela está caminhando na direção de maior exigência ética.

A pizza, uma notável invenção italiana adaptada e aperfeiçoada no Brasil, continuará a servir no futuro para comemorar bons eventos, mas certamente cada vez menos para registrar a vitória de procedimentos antiéticos.

---

* Publicado originalmente na revista *Expressão* nº 80 (Florianópolis), em 1997.

FURTOS E ÉTICA NAS EMPRESAS

A questão dos furtos em empresas volta constantemente ao noticiário, tanto em função de casos reais que são descobertos e divulgados, como da atuação crescente de organizações especializadas em sua detecção e prevenção. De forma similar ao grande crescimento dos fabricantes de grades e sistemas de proteção em edifícios e residências, vem se expandindo o uso de sistemas de detecção em lojas de venda e exposição de produtos, como forma de evitar essas ocorrências. Segundo informação dos fabricantes desses sistemas, o varejo perde entre 4 e 12% de seu faturamento com furtos, se não dispõe de adequados sistemas de proteção.

O que causa mais preocupação é saber que cerca de 50% desses furtos no varejo não são feitos por pessoas externas, mas por funcionários, diretamente ou através de conluios com fornecedores, colegas e outros. Esses roubos são mais difíceis de controlar através de equipamentos de detecção e acontecem também nas organizações que não vendem produtos diretamente ao público.

Segundo a experiência internacional, programas de ética empresarial podem ser muito mais significativos na redução dessas infrações do que o uso de repressão e de sistemas eletrônicos, desde que acompanhados por um processo adequado de reformulação da cultura empresarial.

Por que pessoas que são consideradas socialmente íntegras, têm uma boa posição profissional e perspectivas de futuro no seu trabalho roubam a empresa em que estão empregadas?

As respostas têm inúmeras variantes e são objeto de estudos de psicólogos, sociólogos e outros profissionais. Uma das razões, na maior parte do Brasil e em outros países, é o fato de a ética e a moral social serem bastante flexíveis em relação a esses comportamentos. Não é costume excluir do convívio social pessoas que sabidamente se incluem entre os praticantes de furtos contra empresas ou contra o Estado. Outro fator é a adoção do provérbio "ladrão que rouba ladrão tem cem anos de perdão", quando se sabe que muitos ocupantes de cargos no Estado roubam o contribuinte, que muitos empresários roubam o Estado sonegando impostos e roubam os clientes entregando "gato por lebre" etc.

Se a empresa ou entidade quer ter funcionários corretos e éticos, ela precisa, como instituição, adotar esse procedimento. E isso não pode ser feito apenas através de declarações, regulamentos e punições, mas precisa ser principalmente decorrente de uma postura definida e absorvida por aqueles que com ela se relacionam. Não é fácil, num país como o Brasil, onde ainda se vive o clima de faroeste e cada um quer ganhar o máximo, danem-se os demais – que em conseqüência adotam a mesma postura.

Implantar programas de ética pode ser, portanto, uma forma significativa de reduzir furtos, quando a cúpula da organização está convencida de que isso vale como um investimento de longo prazo, reduzindo eventuais margens hoje obtidas de modo ilícito. É este o conceito que está por trás das decisões de grandes empresas internacionais que os vêm adotando de forma constante e não apenas cosmética. Mas é sempre bom lembrar que, além do ambiente favorecer essa postura em muitos países, particularmente nos anglo-saxões, há também a crescente pressão da sociedade, que não aceita mais comportamentos menos éticos da empresa, políticos e profissionais.

Aqui entre nós, essa pressão apenas começa a surgir e, por ora, só empresários de vanguarda estão adotando programas éticos. Mas, seja contra furtos, seja para conseguir crescer, no futuro esses programas estarão em todas as organizações.

* Publicado originalmente na revista *Expressão* nº 81 (Florianópolis), em 1997.

CIDADANIA AMBIENTAL E ÉTICA

A UNEP, organização das Nações Unidas para a área do meio ambiente, criou um programa para divulgar e implantar o conceito de cidadania ambiental, que envolve um reconhecimento amplo dos direitos e responsabilidades de todos em relação a saúde, bem estar e dignidade.

O programa, chamado Cidadania Ambiental Global (GEC – *Global Environmental Citizenship*) está buscando a participação de vários grupos de influência e associações em nível internacional, entre elas as entidades ligadas a transmissão e divulgação de valores éticos.

A idéia-força por trás do programa é que a humanidade, neste final de milênio, está sendo submetida a um nível de desafios sem precedentes, e a sociedade está cada vez mais consciente de que pode impedir governos e empresas de comprometer nosso planeta com ações ambientalmente inadequadas.

A preservação ambiental tem hoje ampla aceitação social, levando governos a adotar legislações mais restritivas e empresas a aperfeiçoar seus procedimentos, de modo a se enquadrar dentro do novo padrão de exigências, num processo de melhoria contínua, que vem permitindo oferecer perspectivas mais promissoras para as atuais e as futuras gerações.

O novo conceito de cidadania ambiental global vai mais longe, ao estabelecer uma visão holística sobre o problema da preservação. Ele se aproxima, portanto, dos conceitos de ética organizacional, para os quais o respeito ao ambiente é apenas um dos aspectos a considerar na postura que se exige de empresários e outras lideranças. No âmbito da ética empresarial e política, a preservação ambiental é uma das responsabilidades significativas, ao lado do respeito ao consumidor, ao governo e às leis, ao bem estar e à segurança, aos valores e crenças individuais.

A crescente aceitação dos valores ambientalistas, somada à revolução das comunicações, está criando novas oportunidades e formas de pressão da sociedade, para exigir de suas lideranças atitudes que correspondam à perspectiva de construção de um mundo mais solidário e de um futuro melhor para as novas gerações. Esses dois fatores, e mais a nova visão de cidadania ambiental global, vão trazer um forte reforço às exigências de ética, para as quais as empresas que desejam permanecer no mercado precisam estar preparadas.

A visão holística, um conceito cada vez mais adotado por pensadores e planejadores de diferentes áreas, tem uma importância crescente para quem dirige qualquer organização, e sua adoção pelos ambientalistas é mais uma manifestação de que não se pode mais continuar querendo ver apenas os interesses que nos dizem respeito mais de perto. O holismo exige que se deixe de lado as falsas dicotomias, como negócios e ética, lucro e qualidade global, valores individuais e exigências empresariais, segurança e economia, cooperação e competição, especialização e visão geral etc. E não há nada mais holístico do que a ética, que abrange todos os segmentos da ação humana.

Para os dirigentes de empresas e outras organizações é hora, portanto, de ampliar as definições ambientais que tenham assumido, buscando enquadrá-las num espectro mais amplo de valores adotados e praticados, incorporados em programas abrangentes de ética organizacional.

---

* Publicado originalmente na revista *Expressão* nº 82 (Florianópolis), de novembro de 1997.

UM BOM ANO PARA A ÉTICA

O ano de 1997 foi especialmente significativo em atitudes tomadas em todo o mundo para reduzir o nível de corrupção e aumentar as exigências éticas, prenunciando a esperada aceleração dessa tendência, que vai caracterizar este final de milênio.

Na Ásia, que sempre se caracterizou por uma atitude tão ou mais leniente que a nossa em relação à corrupção, a situação começou a mudar com as prisões de empresários e políticos na Coréia, o fim da aceitação passiva do pagamento por empresas de chantagem à chamada máfia japonesa, a cobrança de ética e transparência nas contribuições a partidos políticos etc.

Aqui, na América do Sul, pela primeira vez o tema da corrupção foi assunto destacado em reunião de presidentes. Além disso, as denúncias do ministro Cavallo e de jornalistas na Argentina abalaram a certeza de impunidade, repercutindo eleitoralmente, e houve em outros países vários episódios mostrando que, apesar de não existirem punições efetivas por parte da lei e da justiça, começa a ser sentida a necessidade de mudança de atitude por políticos e empresas de destaque.

O fato de maior importância no movimento pela ética foi, entretanto, a decisão tomada no final de 1997, em Paris, por 29 países da OCDE, de assinarem um tratado considerando ilegal o pagamento de suborno ou propinas a funcionários de países estrangeiros. A decisão, buscada há anos pelo governo americano, encontrou uma constante oposição de muitos países europeus e do Japão, que se recusavam a impedir essa prática, por considerá-la inevitável para fechar negócios e contratos no estrangeiro, particularmente nos chamados países em desenvolvimento e no leste europeu.

Em muitos países em que o comportamento ético das empresas é internamente exigido e cobrado pela sociedade, como a Alemanha, vigora uma estranha condescendência em relação à prática de suborno no estrangeiro, que, além de tolerada, é dedutível como despesa, reduzindo a carga tributária.

Agora, o acordo estabelecido na OCDE obriga os governos dos países signatários a processar as empresas que pagarem suborno a funcionários de governos estrangeiros. Ao mesmo tempo, torna ilegal o recebimento de propinas e doações pelos seus próprios funcionários, o que não inova, e aos parlamentares, o que muitos consideram difícil impedir, mas é uma novidade importante. A previsão é que o acordo seja validado pelos parlamentos dos países signatários durante 1998 e passe a valer ainda no ano que vem, com 20 anos de atraso em relação à legislação existente nos Estados Unidos.

As medidas propostas não eliminarão de vez a corrupção na área governamental, pois as negociações não foram fáceis, e o acordo limitou a necessidade de transparência e as punições aos infratores. Mas é um passo importante para ampliar a ética nos negócios com o poder público e, no futuro, o processo de globalização econômica forçará novos avanços.

O Brasil precisa fazer parte desse acordo e cabe à sociedade pressionar Executivo e Legislativo, para que as mesmas regras se apliquem internamente. Talvez assim não se ouçam mais conversas como as que escutei em setembro no *lobby* de um hotel em Zurique, na Suíça, entre dois políticos do norte: "as coisas desta vez estão mais difíceis, da outra eu vim receber um milhão, depositei 600 mil na minha conta e encaminhei o restante ao governo; agora eles estão encrencando com uns documentos. Mas vai dar tudo certo, eu sou evangélico e se esse negócio der certo é porque Deus está de acordo..." Não sei quem eram as figuras, mas no decorrer da conversa mencionaram ilustres próceres políticos do nosso país, aos quais diziam estar ligados.

O resgate da ética na política brasileira exige mais do que um acordo como esse da OCDE: é preciso uma ampla reforma do nosso sistema político e eleitoral, é preciso que a Justiça funcione etc., mas todo passo é importante na caminhada para construir um país com menos vícios de comportamento na política e nos negócios.

---

* Publicado originalmente na revista *Expressão* nº 83 (Florianópolis), de dezembro de 1997.

ÉTICA, DIREITOS HUMANOS E O TIMOR LESTE

A relação entre negócios e respeito aos direitos humanos não é apenas uma questão ética para empresários, mas também para cada um de nós enquanto consumidores. Será eticamente correto comprarmos produtos mais baratos se sabemos que eles são produzidos com mão-de-obra escrava ou semi-escrava? Ou, ainda, se eles são a base de suporte para regimes que não respeitam os direitos humanos?

A questão tem sido seguidamente levantada por organizações internacionais de defesa dos direitos humanos e resultado, muitas vezes, em ações concretas, tanto contra produtos e serviços de empresas individuais, como de mercadorias provenientes de determinados países. Para nós, brasileiros, há uma questão internacional específica que deveria estar nos preocupando e levando a agir, enquanto empresários, cidadãos e consumidores.

Se é verdade que nossa língua é nossa pátria, deveríamos nos envergonhar da ignorância e complacência que vimos mantendo com o que acontece no Timor Leste, território asiático de fala portuguesa ocupado pela Indonésia há mais de 20 anos. Segundo informações disponíveis, dos 650 mil habitantes do Timor Leste na época da invasão indonésia sobram cerca de 400 mil, submetidos a uma ditadura que não respeita os direitos humanos básicos e ainda impede o uso da língua portuguesa.

A luta pela libertação do Timor Leste da ditadura indonésia tem tido crescente repercussão e respaldo internacional, tanto considerando o direito à autodeterminação do seu povo, que demonstra sempre que possível sua insatisfação com a ocupação do país, como pelo regime de terror a que a população é submetida. Exemplo marcante desse reconhecimento foi a atribuição do Prêmio Nobel da Paz a dois dos principais líderes do movimento pela libertação do país, bem como o espaço que tem sido aberto para um deles, o jornalista José Ramos Horta, na agenda das principais lideranças democráticas do mundo e na imprensa internacional.

Várias entidades e lideranças brasileiras têm buscado discutir a questão e uma das sugestões práticas em apoio aos direitos humanos do povo do Timor Leste é promover um boicote total aos produtos provenientes da Indonésia, que estamos comprando, aqui no Brasil, e muitos também nas suas viagens ao exterior. Entre eles estão tênis, roupas, balas de café e outros produtos de consumo. Mais do que simplesmente não comprá-los, o boicote, para ser eficiente como forma de pressão, exige que não se prestigiem aqueles comerciantes e lojas que os importam ou revendem, estendendo a negativa de compra ao estabelecimento como um todo, e orientando camelôs e outros vendedores de rua para que não os comercializem.

O uso do boicote à compra de produtos é uma arma pacífica da sociedade civil, que tem sido bastante usada nos Estados Unidos e na Europa, com eficácia, levando a mudanças de atitudes e forçando os governos a agir. Os exemplos são muitos, sendo os mais conhecidos aqueles ligados à preservação de espécies do reino vegetal e animal, como nos casos do mogno e das baleias.

O boicote aos produtos da Indonésia é eticamente ainda mais importante do que esses exemplos, porque visa garantir os direitos humanos, inclusive o uso da língua – nossa língua – por um povo irmão, hoje submetido àquela que é considerada uma das ditaduras mais corruptas e persecutórias do mundo.

A argumentação geral usada para justificar a inércia em casos como esse é que o boicote pode prejudicar a população local, além de perderem-se negócios e os resultados acabarem sendo pouco significativos. Na questão do Timor Leste isso não é verdade: a Indonésia tem um governo que oprime o povo, o país exporta produtos que concorrem com os nossos e reduzem empregos aqui, sua ditadura não tem mais muito tempo de vida e as crescentes pressões internacionais podem ajudar a mudar a situação mais rapidamente.

Vamos, portanto, como empresários e consumidores, usar o boicote comercial como arma de pressão para ajudar a criar um país livre no Timor Leste em 1998.

* Publicado originalmente na revista *Expressão* nº 84 (Florianópolis), de janeiro de 1998, e no *Jornal da Tarde* (SP), em 14/01/98.

PRIVATIZAÇÕES, CISÕES, AQUISIÇÕES E RELAÇÕES COM INVESTIDORES

O Brasil vive um momento de extraordinárias mudanças no universo empresarial, envolvendo todos os tipos de companhias, com especial destaque para as de capital aberto. Além do processo de privatização e da troca de controle acionário de tradicionais empresas familiares vendidas a grupos do exterior, há importantes rearranjos – internos ou não – envolvendo fusões, cisões e outros procedimentos que permitam ganhos de escala ou concentração em *core-business*, e ainda intervenções e liquidações.

A oportunidade é das melhores para se aprimorar, nas companhias de capital aberto, o processo de comunicação ou de *investor relations*, particularmente em relação aos acionistas minoritários, evitando a atual impressão de que esses processos vêm sendo feitos pensando exclusivamente nos benefícios dos controladores – sejam vendedores ou compradores.

A grande maioria das companhias de capital aberto do País até hoje não desenvolveu um processo eficaz e plano de comunicação com o mercado, e o atual clima de mudanças sugere que é hora de fazê-lo, ajudando pelo menos a evitar a queda das cotações.

Os acionistas minoritários, e mesmo os profissionais do mercado, ficam, muitas vezes, sabendo das mudanças que afetam o patrimônio dos investidores e suas perspectivas futuras apenas pelo esforço e competência de alguns jornalistas e veículos que procuram informações e detalhes, ou pelos obrigatórios comunicados de Fato Relevante, na maior parte das vezes redigidos em termos jurídicos ininteligíveis para o cidadão comum. E publicados quase sempre em apenas um jornal, que não é certamente leitura diária de todos os que investiram na empresa.

A construção de um país moderno, com empresas competitivas e produtividade internacional, envolve mais do que privatização, chegada de grandes organizações do exterior e restruturação das companhias existentes. Em todo o primeiro mundo, as empresas que lideram o *ranking* são, com raras exceções, de capital aberto e de propriedade acionária dispersa. Até por isso caracterizam-se por um adequado programa de comunicação com os investidores, do que resulta *investor relations* ser uma atividade significativa, com inúmeros especialistas.

O processo de privatização na Europa foi usado pelos governos como forma de aumentar o número de acionistas, com especial sucesso. Aqui as empresas estatais abertas estão, em geral, sendo vendidas a grupos de capital fechado, sem preocupação com a transparência. A pulverização de ações para permitir que, além de grandes grupos, também pequenos investidores possam se beneficiar do crescimento futuro, não tem preocupado o governo federal nem os estaduais, que buscam apenas arrecadar o máximo na venda de suas companhias. Em conseqüência, os acionistas minoritários têm visto piorar o processo de comunicação das companhias privatizadas. Os compradores parecem seguir o mau exemplo do governo federal com suas campanhas pseudo-esclarecedoras, caracterizadas por meias-verdades ou simples tolices.

No caso da transferência do controle acionário a grupo estrangeiro, tem sido comum a descontinuidade do processo de comunicação e o fechamento do capital, reduzindo o já limitado universo de companhias abertas. Já nas cisões, fusões e outros processos de reestruturação, a característica geral é a meia-informação.

Está na hora de mudar esses procedimentos, dando mais transparência aos negócios, informando o mercado e particularmente os acionistas minoritários, desenvolvendo programas consistentes de relações com o mercado e a sociedade e ajudando a desenvolver um amplo grupo de investidores individuais, como se faz nos países desenvolvidos.

---

* Publicado originalmente na *Gazeta Mercantil*, em 27/02/98.

A DIFÍCIL ÉTICA NA POLÍTICA

A falta de ética dos políticos é um fenômeno mundial, como mostram os recentes casos de suborno no Japão, na Itália, na França, na Coréia, os problemas enfrentados pelo presidente Clinton e tantos outros maus exemplos de procedimento em diversos países.

A grande diferença entre esses casos e o que se passa no Brasil é a impunidade aqui existente, em função de uma legislação feita para proteger os políticos, não apenas em seus desvios éticos, mas também em seus atos criminosos. Assim, temos hoje no Congresso Nacional elementos envolvidos em tentativas de assassinato, estelionatários e responsáveis por variados tipos de infrações legais, que não podem ser julgados, por disporem de imunidade parlamentar e serem protegidos por seus colegas, que não concedem licença à Justiça para processá-los. Por outro lado, muitos desses políticos são detentores de concessões de rádio e televisão, além de disporem do horário político gratuito e da nefasta Hora do Brasil para mentir e enganar os eleitores, reelegendo-se.

Felizmente, ao contrário do que parece, há um lento porém permanente processo de aumento da exigência ética por parte da sociedade brasileira, acompanhando uma tendência mundial, que deverá aos poucos mudar essa situação, que tem raízes na nossa formação histórica e no processo recente de desenraizamento de grande parte da população. Um exemplo claro foi a ampla aceitação do novo Código de Trânsito, que obriga a um comportamento mais responsável.

Aqueles que acreditam em valores éticos precisam lutar para apressar esse processo, que implica necessariamente em uma reforma política, mudanças na Justiça e outras alterações legais, mas que começa no comportamento individual, respeitando os direitos dos outros e as leis e cobrando essa atitude dos demais cidadãos, ocupantes de cargos públicos ou não.

O ano eleitoral é extremamente propício para isso, só votando em quem tem procedimentos éticos semelhantes àqueles que adotamos e que queremos para nossos filhos ou netos.

* Publicado originalmente na revista *CidadeNova* nº 4 (Vargem Grande Paulista – SP), em abril de 1998.

ÉTICA E SIGILO FISCAL

A discussão sobre o projeto de mudança nas normas que regem o segredo fiscal e bancário envolve fortemente a questão ética, embora esse aspecto raramente tenha sido mencionado. Os argumentos contra a maior abertura de informações têm sido basicamente a proteção do direito à privacidade e os riscos de mau uso das informações. A favor, menciona-se a possibilidade de reduzir a sonegação fiscal e a lavagem de dinheiro.

Na verdade, existem poucos países em que a lei e a Justiça acobertam de maneira tão eficaz os recursos obtidos através de desvios éticos e mesmo criminais, quanto o Brasil. O volume de recursos "sem origem", como são chamados, que circula pelo sistema financeiro ainda é muito grande, apesar de medidas tomadas nos últimos anos, como a eliminação dos títulos ao portador. O fato se explica, embora não se justifique.

Pressionada por crescentes exigências tributárias, grande parte dos contribuintes, inclusive muitos que adotam princípios éticos, tem buscado variadas formas de realizar os negócios por fora, explicando esse comportamento com o fato de receber do poder público cada vez piores serviços, enquanto as verbas governamentais são desperdiçadas e desviadas através da corrupção, do favoritismo, do nepotismo e da própria ineficácia.

É verdade que nossos governos e nossos políticos, com raras exceções, não têm um procedimento ético aceitável, para dizer o mínimo. Mas, se queremos construir um país melhor para nossos filhos e netos, o caminho não é, certamente, imitar seus maus procedimentos, mas trabalhar para que essa situação mude, mesmo que tenhamos algum prejuízo ou problema pessoal para atender aos requisitos da lei – feita muitas vezes sem critérios de justiça fiscal.

A redução do sigilo bancário e fiscal é certamente muito importante e positiva para o País, apesar dos riscos que traz. Em vez de se insurgir contra ela, o mais adequado é exigir que, paralelamente à sua adoção, seja eliminada a situação diferenciada hoje existente para deputados, senadores e ocupantes de cargos do Executivo, que não podem ser sujeitos à justiça comum por seus desvios fiscais e outros procedimentos ilegais ou criminosos.

As revistas e jornais dos Estados Unidos trazem rotineiramente informações sobre salários e ganhos dos principais executivos e empresários do país, custo de aquisição de empresas, imóveis e outros bens, doações a campanhas eleitorais etc., e nunca ocorreu a ninguém considerar que isso representa invasão da privacidade. Aqui, o segredo bancário e fiscal serve para ocultar do Fisco operações e valores reais recebidos e negociados, viabilizando declarações e registros a menor, para economizar tributos. Mas também serve para facilitar a vida de assaltantes, traficantes, corruptos e outros tipos de *gangsters*, gerando um contínuo aumento da insegurança.

A construção de um país mais ético é difícil, trabalhosa, traz aborrecimentos e talvez até prejuízos imediatos, mas certamente vale a pena, e é um papel que também cabe ao empresariado.

---

* Publicado originalmente na revista *Expressão* nº 85 (Florianópolis), em 1998.

DIFERENÇAS ENTRE BRASIL E ESTADOS UNIDOS

Realizei, em março passado, uma palestra em Nova York, a convite da Brazilian American Chamber of Commerce, sobre Oportunidades de Negócios no Brasil e como promover empresas e produtos no País. Iniciei mostrando as excelentes oportunidades que se abriram para investidores na área de infra-estrutura, na indústria, no comércio e em serviços, através de privatizações e concessões, da criação de novas empresas, de *joint-ventures* e de aquisições. Em seguida, analisei e apontei algumas diferenças significativas entre os hábitos dos norte-americanos e os nossos, fazendo recomendações de como proceder para evitar equívocos.

Algumas dessas recomendações são também importantes para empresas nacionais e para estrangeiras implantadas no País, de modo que julgo interessante fazer um resumo nesta coluna.

O primeiro ponto a considerar é a mudança no comportamento do consumidor brasileiro, que vem se aproximando dos padrões internacionais. Hoje, o consumidor está cada vez mais ligado na busca de qualidade e de serviços adequados de venda e pós-venda, o que exige constante investimento em treinamento e distribuição, além de uma definição abrangente da política ou da ética da empresa. Não se trata apenas de não perder o cliente, mas também de evitar os problemas com os órgãos privados e governamentais de proteção ao consumidor e, sobretudo, a repercussão negativa na mídia em geral, que abriu espaços regulares para reclamações e queixas dos consumidores.

Essa crescente exigência de qualidade e serviço pós-venda deve também levar a uma análise do sistema de distribuição, porque poucas empresas estão em condições de atender adequadamente a todo o território nacional, já que os custos de viagem e transporte são extremamente altos.

As diferenças regionais são outro aspecto importante que muitas empresas não consideraram ao longo dos anos em que tivemos um mercado fechado, e o consumidor tinha pouca ou nenhuma opção. Não apenas são necessárias determinadas características físicas diferentes (a voltagem 110 ou 220 é uma delas), como hábitos e desejos não são os mesmos nos diversos pontos do País. E a situação se complica mais quando se pensa em termos de Mercosul, pois argentinos, uruguaios, paraguaios e agora chilenos e bolivianos não são iguais entre si e nem aos brasileiros em seus hábitos.

O respeito ao cliente e ao consumidor, uma exigência da ética empresarial, torna-se, cada vez mais, um fator chave para o sucesso e um complicador na vida das empresas acostumadas a empurrar seus produtos e serviços no mercado comprador.

Outro aspecto importante no Brasil é o sistema burocrático, oriundo de uma cultura de considerar que todos são potencialmente desonestos, de um excesso de intervenção governamental e do desejo de criar dificuldades para vender facilidades, que originou um cipoal de leis e tributos, com a conseqüente dificuldade do Judiciário para resolver com rapidez as pendências. Dessa forma, cada empresa é obrigada a avaliar criteriosamente o que pode fazer, quais são as exigências reais que precisa atender e de que forma agir para aumentar a velocidade do andamento de solicitações, documentos e processos. Além de bons advogados e contadores, a empresa que adota princípios éticos, como é comum nos Estados Unidos, precisa ter uma boa assessoria de relações públicas para ser ouvida e ter acesso às diferentes instâncias decisórias, conseguindo dar andamento a seus legítimos pleitos, sem precisar utilizar propinas ou processos de corrupção

Estes foram alguns pontos dessa minha exposição, que espero continuar resumindo no artigo para o próximo número de *Expressão*.

---

* Publicado originalmente na revista *Expressão* nº 86 (Florianópolis), em 1998.

FAZENDO NEGÓCIOS NO BRASIL

Os estrangeiros que aqui vêm a negócios, quase sem exceção, ficam fascinados pelo País e agradavelmente surpresos pela cordialidade com que são recebidos. Mas para a maioria não é fácil entender o Brasil, embora sejamos um dos povos mais abertos ao diálogo e uma das nações mais diversificadas do mundo em termos de ambiente cultural, racial e social.

Tenho constatado, cada vez que realizo palestras no exterior, que os estrangeiros nos vêem com a maior simpatia pelo clima de descontração, pela alegria e musicalidade, pela forma gentil como recebemos as pessoas de fora, entre outras razões.

A principal dificuldade para eles é entender nosso comportamento e nossa relação com o sistema legal e o valor das palavras. Acostumados, particularmente os americanos e os europeus de origem anglo-saxônica, a obedecer a regulamentos e leis, a dizer sim quando estão de acordo e não quando são contrários, a cumprir os horários e a se comunicar por escrito, espantam-se com nossa informalidade, nossa tendência à procrastinação, a dificuldade de sermos afirmativos, a busca permanente do jeitinho, o uso de despachantes e outros hábitos brasileiros.

Como tive a oportunidade de mencionar na palestra que fiz em Nova York em março, não é possível realizar negócios no Brasil sem contar com respaldo de um advogado, o que também acontece em outros países. A diferença é que aqui o advogado é necessário não só para realizar os contratos e outros procedimentos legais, mas principalmente para orientar sobre a forma de evitar as armadilhas criadas pelo cipoal de leis do País e de agilizar os trâmites burocráticos, para o que são necessários os despachantes que 'quebram o galho' ou 'dão um jeitinho' para apressar o andamento de documentos e solicitações junto às repartições. Não tenho nada contra a profissão de despachante, mas o fato de precisarmos deles para obter aquilo a que todos têm direito é uma demonstração da falta de ética que vem caracterizando os ocupantes de cargos públicos. E da nossa aceitação passiva desse comportamento abusivo, inaceitável para povos desenvolvidos.

Outra necessidade fundamental que apontei para os americanos interessados em realizar negócios no Brasil é contar com a consultoria e assessoria de um profissional de comunicação, relações públicas ou similar, para entender a linguagem e os hábitos do País e ter acesso aos caminhos adequados para atingir seus objetivos de maneira ética, evitando os comuns "quebradores de galho" por métodos pouco ortodoxos.

Na linguagem, quando o brasileiro diz talvez, provavelmente ele quer dizer não; quando ele diz sim, quer dizer talvez, devido à nossa dificuldade de sermos afirmativos e pela constante preocupação em não criar atritos desnecessários. Já os norte-americanos e os europeus usam o sim e o não com a maior tranqüilidade, o que para nós muitas vezes parece agressivo, pela falta de hábito. A mesma diferença ocorre na questão de horário: na América do Norte ou na Europa, quando se marca um compromisso para as 9 horas a expectativa é que a pessoa chegue às dez para as nove, enquanto aqui, particularmente em eventos sociais, são considerados de bom tom atrasos de até 40 minutos.

Também é difícil entender a facilidade com que muitos empresários brasileiros falam de transgressões legais nos negócios: venda sem nota ou com meia nota, "importabando" (importação subfaturada), sonegação e outros procedimentos similares são abordados com a maior naturalidade. É como se as leis e a ética não tivessem importância no Brasil. Para muitos estrangeiros, acostumados a fazer negócios em países onde a corrupção é endêmica, parece que nos enquadramos na mesma categoria, o que felizmente não é verdade: temos muitos problemas nessa área, mas a transparência vem aumentando e forçando lentamente a uma melhoria nos padrões éticos.

Temos características diferentes dos europeus e norte-americanos que são muito positivas, como nossa maior emotividade, cordialidade, flexibilidade mental e disponibilidade. Devemos valorizá-las dentro do processo de globalização e, ao mesmo tempo, buscar reduzir as diferenças negativas, com a leniência ética e a falta de assertividade.

---

* Publicado originalmente na revista *Expressão* nº 87 (Florianópolis), em 1998.

A EXPANSÃO INTERNACIONAL DAS EMPRESAS

Estive recentemente no Peru, buscando formas de ativar o comércio entre esse país e o nosso, que hoje se limita a US$ 600 milhões/ano, cerca de metade do que negociamos com o Paraguai e 25% da balança comercial nossa com o Chile, ambos países de população bem menor.

Essa viagem, envolvendo contatos com as principais autoridades e entidades empresariais do país andino, faz parte do trabalho de preparação do I Fórum Brasil-Peru, que está sendo promovido pela ADVB-SP, e vai ser realizado nos próximos dias 18 e 19 de agosto, e do qual sou presidente da Comissão Organizadora. Estarão presentes no evento vários ministros do Peru, buscando mostrar as oportunidades que o país oferece, bem como discutindo com nossas autoridades as formas e investimentos necessários para criar uma alternativa de ligação terrestre entre o Atlântico e o Pacífico. Também virão cerca de 80 empresários peruanos, interessados em comprar ou vender produtos e em desenvolver alternativas nas áreas de turismo e outras.

O Peru, quarto maior país da América do Sul em população, com cerca de 24 milhões de habitantes, vem executando um forte esforço de modernização, que envolve privatizações, concessões, mudanças legais etc., atraindo importantes investimentos do exterior, inclusive de outros países latino-americanos. A presença brasileira ainda é muito pequena, limitando-se a empreiteiras que realizam obras para o governo, à concessionária de limpeza pública de Lima e a algumas representações comerciais.

Ao longo da década de 90, muitas empresas brasileiras se expandiram para os nossos sócios do Mercosul. Como conseqüência dessa expansão, que também ocorreu no sentido oposto, hoje temos mais de 4.000 empresas brasileiras atuando direta e indiretamente na Argentina, Uruguai e Paraguai, que atualmente têm o Brasil como o seu principal parceiro comercial.

Agora é preciso estender esse esforço ao Peru e aos demais países da Comunidade Andina, ampliando nossos mercados. Vale lembrar que está sendo discutida uma ampla redução tarifária entre o Mercosul e a Comunidade Andina, envolvendo a maior parte dos produtos, o que nos torna mutuamente mais competitivos em relação aos demais países.

As vantagens da expansão internacional das empresas são muito significativas: gerando novos negócios externos amplia-se o número de postos de trabalho no País, criam-se condições para melhorar e expandir os sistemas de transportes e comunicações, entra-se em contato com novas culturas e valores, além, é claro, de conseguir clientes e faturamento.

Para as empresas brasileiras, essa expansão tem um outro aspecto muito importante, que é a necessidade de adotar valores mais consistentes e internacionais, que possibilitem atender adequadamente a povos de diferentes origens e culturas. Ser internacional não garante um comportamento ético, como mostram muitos exemplos recentes, mas cria certamente uma necessidade de maior transparência e definição de princípios, que tem um importante reflexo na direção da ética empresarial.

Os empresários brasileiros, acostumados durante décadas a trabalhar num mercado fechado, custaram a expandir para os outros países do Mercosul, onde os negócios iniciais se deram entre subsidiárias de multinacionais, com raras exceções. Agora é de esperar que sejam ágeis na busca de ampliação de seus negócios com a Comunidade Andina, onde estão mais de 60 milhões de consumidores. Afinal, o papel do empresário, é bom sempre lembrar, é criar riquezas e gerar empregos.

---

* Publicado originalmente na revista *Expressão* nº 88 (Florianópolis), em 1998.

ÉTICA E CONCORRÊNCIA INTERNACIONAL

Uma das queixas mais comuns dos empresários brasileiros, depois da abertura comercial do País, é sobre as vantagens dos produtos importados. Eles contam com financiamentos mais longos e mais baratos e muitos chegam ao País subfaturados (é o chamado "importabando"), quando não de modo totalmente irregular. "Não dá para competir" é algo que se ouve constantemente de empresários nacionais em entidades e em entrevistas, com boa dose de razão. As reações mais usuais a essa dificuldade têm sido vender a empresa, reduzir o negócio ou aumentar a "informalidade".

Entretanto, o caminho oposto pode ser em muitos casos o mais adequado para os competidores brasileiros nessa disputa. Temos uma legislação ampla e complexa, que é vista como negativa, mas pode se tornar um aliado. Assim, o respeito ao consumidor está consolidado no Brasil num código detalhado e exigente, que empresas locais têm muito mais facilidade de cumprir do que os importadores. O mesmo ocorre com as exigências sanitárias e ambientais, que podem representar uma defesa não apenas do consumidor e do cidadão, mas também das empresas nacionais. Por exemplo, já se conseguiu barrar brinquedos importados, mostrando que muitos deles continham chumbo e cádmio em sua composição, o que é legalmente proibido pelo risco à saúde que traz. A valoração aduaneira e a exigência de nota fiscal nas vendas também podem ser outras importantes armas a favor do concorrente brasileiro, uma vez que boa parte dos produtos importados, que chegam ao País subfaturados ou contrabandeados, não possibilita o adequado procedimento fiscal.

Por outro lado, acompanhar os desvios éticos de companhias internacionais permite se defender dos mesmos no Brasil. Um interessante estudo do economista Johann Graf Lambsdorf, da Universidade de Göttingen, na Alemanha, coloca sob suspeita muitos fornecimentos europeus para governos e empresas dos países em desenvolvimento. Segundo o estudo, parte do êxito na conquista de contratos comerciais de empresas belgas, francesas, italianas, holandesas, inglesas, espanholas e, em menor escala, alemãs deve-se à sua disposição de oferecer e pagar suborno para seus interlocutores nos países importadores. O fenômeno é certamente mais intenso no caso de empresas japonesas ou coreanas.

Considerando que o Brasil é o 17º país mais corrupto entre os 52 analisados pela Transparência Internacional, uma entidade independente com sede na Alemanha (Nigéria, Bolívia, Colômbia, Rússia e Paquistão ocupam os cinco primeiros lugares), é possível colocar sob suspeita boa parte dos fornecimentos ao nosso país de empresas originárias dos países que Lambsdorff coloca entre os mais corruptores.

A pressão do governo americano, que considera a corrupção um instrumento prejudicial às empresas de seu país, fez com que a OCDE tomasse recentemente a decisão de considerar o suborno a autoridades de outros países um procedimento inaceitável. Trata-se de uma decisão cuja implementação efetiva ainda tomará algum tempo, mas que tende a alterar o comportamento dos fornecedores internacionais.

Enquanto isso não ocorre, defender negociações éticas com os governos, e mesmo entre empresas privadas no Brasil, pode ser uma forma eficaz de ampliar a competitividade do produtor nacional contra os importados.

Assim, é do interesse das empresas brasileiras pressionar de imediato o governo, empresas e sociedade no sentido de valorizar o comportamento ético nos negócios, o que lhes permitirá inclusive obter resultados econômicos. E fazendo isso também estarão ajudando a criar um país melhor e mais justo para nós e para nossos descendentes.

---

* Publicado originalmente no *Diário do Grande ABC* (Santo André – SP), em 17/09/98, na revista *Expressão* nº 89 (Florianópolis), em 1998, e em *O Globo*, em 13/10/98.

ÉTICA EMPRESARIAL E ELEIÇÕES

Anos eleitorais como o que estamos vivendo colocam os empresários face a questões éticas relevantes. Por um lado, eles são chamados a colaborar financeiramente com a campanha dos diversos políticos e, apesar das facilidades que a nova legislação criou para o recebimento de contribuições, boa parte delas continua a ser solicitada através de forma não legal. Por outro lado, a sociedade espera que os empresários sejam capazes de posturas afirmativas em relação ao futuro de seus Estados e do País, não se furtando a colocar abertamente suas opiniões, o que muitas vezes cria riscos de retaliações de segmentos políticos contrariados.

Os dois problemas decorrem da mesma origem, que é a inadequada forma de representação política, hoje o principal problema brasileiro, do qual decorrem todos os demais, como a excessiva e mal distribuída carga tributária, a ineficiência dos serviços públicos, o nepotismo e o apadrinhamento etc., cujas conseqüências afetam toda a Nação, através do chamado "custo Brasil", do desemprego, da má qualidade do atendimento de saúde e dos programas educacionais do Estado, da insegurança pública e de uma justiça lerda e ineficiente.

Enquanto não for feita uma reforma política que crie uma forma mais justa e adequada de representação no Congresso Nacional e possibilite uma cobrança efetiva dos eleitores sobre os eleitos, os verdadeiros interesses da maioria da população continuarão sendo relegados a um segundo plano, por melhor intencionados e competentes que sejam os ocupantes dos cargos executivos. O que prevalece hoje é uma constante busca do atendimento a interesses pessoais pelos ocupantes de cargos eleitorais, que sabem que a sociedade não tem como cobrá-los.

A reforma política de que precisamos envolve pelo menos dez pontos fundamentais, que permitem o engajamento total ou parcial do empresariado: 1) uma representação proporcional da população, correspondente ao critério básico de uma pessoa, um voto, eliminando a super-representação dos novos Estados do norte e do centro do País e estabelecendo um mínimo de dois deputados federais por

Estado; 2) o voto distrital misto, vinculando os eleitos à sua região ou ao partido; 3) a fidelidade partidária; 4) a redefinição do papel do Senado, redução do número de senadores (dois por Estado são mais do que suficientes) e fim dos suplentes; 5) o fim da imunidade parlamentar ou pelo menos sua limitação às opiniões expressadas no desempenho de suas funções públicas; 6) um limite mínimo de votos para o partido eleger representantes e dispor de tempo de rádio e televisão para a campanha (e uma redução desse tempo); 7) o fim das nomeações políticas, reduzindo a um número mínimo de assessores a indicação por ocupantes de cargos eletivos; 8) separação efetiva dos poderes: membros do Legislativo, do Judiciário ou do Ministério Público só podem participar de cargos do Executivo renunciando a seus mandatos ou carreiras; 9) efetiva proibição dos concessionários de rádios e TVs serem candidatos a cargos eletivos; e 10) redefinição do papel dos Legislativos, que devem principalmente definir os orçamentos e controlar suas adequadas execuções.

As eleições de 1998 são uma boa oportunidade para os empresários reduzirem seus dilemas éticos eleitorais, assumindo o papel de liderança que lhes cabe na construção de um país melhor. Para isso, precisam deixar claro para candidatos e eleitores as reformas que apoiam, exigindo a partir dessa definição um compromisso daqueles que pedem recursos, de que estarão empenhados durante seus mandatos em buscar a reforma política que o País não pode mais adiar.

---

* Publicado originalmente na revista *Expressão* nº 90 (Florianópolis), em 1998.

A CRISE DA GLOBALIZAÇÃO E OS EMPRESÁRIOS

Uma das maiores dificuldade profissionais que encontro no trabalho de comunicação e de *investor relations* que realizo para empresas se refere à divulgação do número de postos de trabalho diretos e indiretos. Existe hoje uma necessidade de mostrar ao mercado financeiro e aos investidores que houve um enxugamento do quadro, do que resulta um aumento da produtividade... e do desemprego, o que evidentemente não se comenta.

Está na hora de recuperar o verdadeiro papel do empresário e dos dirigentes de empresas, que andou bastante esquecido nestes últimos tempos de globalização. Uma das conseqüências mais nefastas desse processo tem sido o crescente domínio da economia mundial por alguns gênios financeiros acolitados por um bando de jovens egressos de universidades, todos brilhantes, porém cujo único compromisso parece ser o de assegurar lucros máximos a curto prazo para as organizações em que trabalham e para si mesmos. Aumentando, ou melhor, inchando o valor das ações ou das cotas dos fundos nas Bolsas de Valores, com o que multiplicavam seus lucros.

O efeito dessa prática tem sido a destruição de milhões de empregos em todo o mundo, o fim de empresas centenárias como o Barings e crises de países e regiões como a que estamos vivendo.

Antes do processo de globalização financeira, o valor básico da motivação ou da ética empresarial vinha sendo o de participar ativamente da construção do progresso, gerando riquezas e empregos. Era motivo de orgulho para qualquer empresário destacar o crescimento de seus negócios, o número de novos postos de trabalho criados, os benefícios voluntários oferecidos.

Hoje, apesar da preocupação com o Balanço Social – que alguns interpretam como relação dos assuntos que saíram nas colunas sociais – e da ênfase dada à chamada responsabilidade social do empresário, são poucos os que estão realmente empenhados em criar empregos, que é a principal e mais nobre das missões do dirigente de empresa.

As empresas controladas por brasileiros, com raras exceções, estão entre as mais afetadas pelas alterações e crises do processo de globalização. Em decorrência da maior abertura dos mercados e da movimentação financeira que caracterizam esse fenômeno, produtos importados chegam mais baratos ao nosso mercado e as empresas estrangeiras contam com financiamentos de prazos e custos que não se podem conseguir no Brasil, além de disporem de tecnologias mais avançadas. A reação mais comum a essa forte pressão competitiva tem sido vender, fechar ou reduzir a empresa, como o noticiário econômico registra continuamente. Nesses casos, a venda da empresa é a melhor solução para o País, pois preservam-se os investimentos e principalmente os empregos.

Mas há outros caminhos mais positivos, como têm mostrado vários empresários de visão, usando a globalização a favor, ou seja, buscando novas oportunidades no exterior, seja através da compra de empresas, de *joint-ventures* ou de alianças estratégicas. Quase certamente o melhor caminho para criar riquezas e empregos no País num mundo globalizado é investir e formar parcerias no exterior, aproveitando as oportunidades e ajudando o Brasil a ser um participante mais ativo na economia mundial.

---

* Publicado originalmente na revista *Expressão* nº 91 (Florianópolis), em 1998.

CERTIFICAÇÕES ISO E ÉTICA EMPRESARIAL

Existem hoje mais de mil empresas brasileiras detendo a certificação ISO 9000, que reconhece a adoção de procedimentos regulares para a obtenção de qualidade constante, nos produtos ou serviços oferecidos ao mercado. O ímpeto inicial para conseguir essa certificação decorreu principalmente da exigência de grandes clientes do exterior e do País, mas com o tempo a busca generalizou-se e muitas pequenas e médias empresas e mesmo organizações governamentais e associativas foram certificadas. Esse empenho vem gerando uma consciência geral de que é preciso trabalhar com qualidade para se manter no mercado. Complementando a parte técnica do processo com um bom trabalho de comunicação interna obtem-se também benefícios econômicos, pela redução dos insumos utilizados e pela possibilidade de conseguir um maior envolvimento dos colaboradores.

De forma similar, está ocorrendo agora um esforço empresarial para buscar a certificação ISO 14000, que confirma a existência de práticas adequadas em relação ao ambiente. De novo a pressão principal vem do mercado, particularmente de importadores europeus e norte-americanos. Essa procura pela certificação ISO 14000 vem reforçando a percepção dos dirigentes de que os cuidados ambientais podem contribuir para melhorar o clima interno, colaborar para a educação dos colaboradores e facilitar a aceitação e o reconhecimento das comunidades onde a empresa opera. Além de resultar em economias significativas de energia, água, desperdício e outros fatores de custo, como têm demonstrado as empresas certificadas.

Já se sabe que a próxima onda na área de aperfeiçoamento das empresas será a busca da certificação em segurança no trabalho, área em que o Brasil como um todo é detentor de um triste recorde de acidentes, na qual, além de providências técnicas e de treinamento, será necessário um esforço especial de educação.

Essas três certificações que estão sendo ou vão ser buscadas e obtidas pelas empresas que querem permanecer no mercado caracterizam parte de um comportamento ético, mesmo que essa não tenha sido a motivação principal dos dirigentes. Isso porque qualidade constante e crescente é prova de respeito ao consumidor. Cuidados ambientais são parte de uma atitude responsável face à comunidade. E a atenção com a segurança no trabalho é o único comportamento aceitável em relação aos colaboradores.

A necessidade de adotar procedimentos éticos está se tornando cada vez maior, tanto pela sua inclusão nos programas de cidadania ambiental global, como pelo recente acordo dos países componentes da OCDE e mesmo pelas crescentes exigências da sociedade.

Como a empresa certificada já está incorporando uma ou mais posturas de ética organizacional entre os valores que a caracterizam, pode se adiantar no processo. Para isso é necessário complementar e integrar essas definições setorizadas, com outras que já existam em relação à comunidade, às leis etc., e criar um programa mais abrangente. Identificando e explicitando os valores que constituem suas crenças e que devem caracterizar o comportamento de todos, dos acionistas aos peões, faxineiros e *boys*. É assim que se constroem os verdadeiros programas de ética empresarial, caracterizados por valores que são efetivamente praticados e que, embora às vezes possam parecer dificultadores dos negócios e dos resultados, são na verdade uma garantia para o futuro da empresa e uma satisfação para a maior parte dos que com ela se envolvem.

---

* Publicado originalmente na revista *Expressão* nº 92 (Florianópolis), em 1998.

IMPACTOS POSITIVOS NA ÉTICA POLÍTICA

O ano de 1998 caracterizou-se por uma série de impactos muito significativos em todas as áreas: na economia, as grandes privatizações, as crises internas e internacionais; na política, a primeira e bem-sucedida experiência de reeleição; no esporte, a vitória na maratona, algumas outras conquistas e o vice-campeonato mundial, de futebol; na cultura, bons filmes e o primeiro Nobel da língua portuguesa e assim por diante.

Na área da ética, meu assunto desta coluna mensal na revista, também não foram poucos os impactos de 1998, positivos e negativos, terminando com o tiroteio verbal, as gravações clandestinas e os documentos falsos dos casos da conta do Caribe e da venda das Teles – que acabou derrubando três dos mais importantes colaboradores próximos ao presidente.

Estes últimos casos voltaram a colocar em foco a questão do comportamento, da honestidade e da confiabilidade dos políticos, dos ocupantes de cargos nos governos e dos empresários. Questão que foi objeto de muitas discussões, artigos e manifestações durante o ano, particularmente no período eleitoral.

De modo geral, a população – em parte influenciada pelo noticiário e pelos comentários dos veículos de comunicação – tende a acreditar que todo político tem o "rabo preso", qualquer que seja seu partido ou posição ideológica. Da mesma forma, acredita que a quase totalidade dos empresários está disposta a infringir códigos de ética e até legais, na busca de melhores resultados para a empresa e para si mesmos. Assim, a população acaba considerando que nada pode ser feito para reduzir esse conluio entre corruptos e corruptores, e a indignação só ocorre quando os casos assumem proporções que os tornam assunto de manchetes.

Não faltam motivos para gerar essa descrença nos políticos, da falta de transparência e controle da sociedade em nosso sistema aos salários e benefícios extraordinários que atribuem a si mesmos e a seus assessores, passando pelos gastos suntuários em obras desnecessárias neste momento de aperto – quando não superfaturadas – e os constantes escândalos denunciados. Quanto aos empresários, a desconfiança dos cidadãos comuns decorre basicamente dos maus exemplos e de um inadequado processo de comunicação adotado pela maioria, que torna difícil identificar quem procede corretamente.

Não é positiva para o País essa descrença, que também atinge outras instituições, como a Justiça, o Ministério Público, os órgãos de comunicação etc.

Por essa razão, a mais urgente das reformas no País é a reforma política e do Estado, que crie maior vinculação dos políticos com seus eleitores e dê mais transparência a todos os procedimentos públicos, incluindo os das empresas e seus dirigentes. Fazem parte dessas reformas o voto distrital misto, o limite aos salários pagos pelo Estado em todos os níveis, a proibição de contratar assessores e a extinção dos benefícios indiretos, o fim dos suplentes de senador, a limitação da imunidade parlamentar às manifestações de opinião, a fidelidade partidária, uma redução do sigilo fiscal e bancário para apenas garantir a privacidade dos cidadãos. E outras medidas, que o presidente Fernando Henrique e os partidos que o apoiam deveriam e poderiam ter priorizado no seu primeiro mandato.

Esperemos que nestes próximos quatro anos o impacto da cobrança da opinião pública sobre a necessidade de ética na política seja ouvido por ocupantes dos cargos eletivos. E que, assim, tenhamos as reformas necessárias para tornar menos difícil a ética na política.

---

* Publicado originalmente na revista *Expressão* nº 93 (Florianópolis), em dezembro de 1998.

HORA DE PARTICIPAR

Nossa agenda para 1999 deve ter como ponto de destaque a conquista do Brasil para todos os brasileiros e não mais apenas para um grupo de privilegiados. Além de uma atitude ética e socialmente responsável, cada um de nós precisa ampliar sua participação e influência nas decisões que hoje estão entregues aos políticos. Formas de participar e influir existem muitas. São as associações de classe, sindicatos, entidades não governamentais, organizações comunitárias, sociedades civis e por aí em diante. Também é possível agir individualmente, usando o fax e a Internet, para acessar os responsáveis pelos governos, pelos tribunais e pelos órgãos legislativos. Manifeste sua opinião, apoio ou protesto e estimule outros a fazer o mesmo, lembrando que políticos e governantes são sensíveis às manifestações, quando elas se multiplicam.

Vamos começar cobrando a votação urgente da reforma política, para poder exigir um comportamento responsável de senadores, deputados e vereadores. Precisamos do voto distrital e da fidelidade partidária. E acabar com a ampla imunidade de que hoje gozam os ocupantes de cargos legislativos, que impede a abertura de processo contra acusados que foram eleitos.

A reforma política não resolve todos os problemas do País, mas é o primeiro passo para termos a possibilidade de influir mais e exigir as outras mudanças de que o Brasil necessita para se tornar mais desenvolvido e justo. Entre elas, acabar com os privilégios conseguidos por alguns grupos, como os chamados juízes classistas, os marajás que recebem salários de até 40 mil reais pagos por governos, os vereadores remunerados em municípios que não têm receita própria e outros, eliminar as mordomias dos políticos, incluindo empregar parentes, ter carros oficiais, não pagar suas viagens, receber diárias faraônicas etc. Temos que conseguir a redução dos custos da máquina governamental, extinguindo órgãos inúteis, caros ou superados, que não existem em outros países, como os Tribunais do Trabalho, os Tribunais Eleitorais, os Tribunais de Contas, diminuir o número de Ministérios, limitar a um ou dois os cargos de confiança. Temos de estabelecer critérios de auto-sustentabilidade para a existência de municípios, impedindo que se usem recursos do Fundo de Participação, que seriam destinados a beneficiar os cidadãos, para pagar prefeitos, vereadores e funcionários, às vezes com salários astronômicos.

Temos principalmente de conseguir que o País equilibre suas contas, os juros baixem, os bancos emprestem dinheiro com taxas razoáveis a quem quer produzir, para que possamos gerar empregos, investir em educação e em saúde.

Tudo isso, que representa a construção de um Brasil melhor, depende de cada um de nós. Participe, exija, reclame, manifeste-se, não deixe os políticos e ocupantes de cargos oficiais fazerem o que querem. Essa é a contribuição que a Nação espera de nós em 1999.

---

* Publicado originalmente na revista *Expressão* nº 94 (Florianópolis), em 1999.

A COMUNICAÇÃO DOS GOVERNOS

O recente episódio da desvalorização cambial e da troca do presidente do Banco Central deixou claramente exposta a deficiência do processo de comunicação do governo federal com a sociedade brasileira. E, mais do que isso, também com a comunidade internacional. Embora o clima ocasionado pela pressão dos acontecimentos possa dar a impressão de que se tratou de um problema momentâneo, não é bem o que acontece. A crise comprovou mais uma vez a forma inadequada como os governos se comunicam, que apenas se exacerba nessas horas. A dificuldade não é apenas do governo federal, pois a maior parte dos demais níveis do poder público não consegue manter uma comunicação aberta, ética e eficaz com os diversos segmentos interessados no seu desempenho.

O problema nasce de uma postura histórica dos ocupantes do poder no Brasil, que também se manifesta em muitas outras áreas, das empresariais às esportivas. A idéia básica por trás dessa inadequada comunicação é que detendo poder não se precisa dar satisfação aos que não o detêm e, portanto, a busca de transparência é desnecessária. E, em alguns casos, inconveniente para os propósitos pessoais da autoridade.

Não tendo essa preocupação de informar e de abrir canais para ouvir a sociedade, não se usam os sistemas de comunicação de uma forma programada ou em resposta às necessidades emergenciais a tempo, com clareza e eficácia. Para o governo federal e para a maior parte dos demais níveis do Executivo, comunicação continua a ser entendida como propaganda (colocar anúncios nos veículos de comunicação), como um trabalho reativo de assessoria de imprensa ou ainda dar entrevistas sem preparo anterior.

Em decorrência, a população não é adequadamente esclarecida e não se consegue levá-la a aceitar e muito menos motivá-la a cooperar na solução das grandes questões nacionais, seja através da mudança de atitude, seja através da pressão sobre os ocupantes de cargos eletivos. Falta o necessário diálogo com os diferentes setores da população, que deve caracterizar um país democrático.

A chamada comunicação dos governos se limita à divulgação de suas realizações e projetos com a finalidade de ganhar prestígio para as próximas eleições, como continuidade do que se convencionou chamar de marketing político. Em vez de liderar o processo, os dirigentes governamentais fazem pesquisas para saber o que a população quer ouvir e atendem a esses desejos, na forma de autopromoção. E nos momentos de crise fogem de falar abertamente dos problemas, tentando criar uma situação cor de rosa, que no máximo engana os incautos.

Para mudar o País é preciso mais do que isso. É importante que os ocupantes dos cargos governamentais se conscientizem de que executar o trabalho de comunicação com ética, transparência e profissionalismo aumenta o nível de informação dos cidadãos, permite-lhes, maior participação e possibilita superar mais rapidamente momentos difíceis, como este início de ano.

Comunicação em momentos de crise também não pode ser tratada com base apenas no conhecimento técnico e na experiência política do ocupante do cargo, do que resultam linguagens inadequadas ou discursos vazios, criando desânimo ou desconfiança dos cidadãos no País e das lideranças e analistas internacionais.

Como em muitos outros setores, essa é mais uma área em que o insucesso de janeiro pode servir de alerta para a iniciativa de mudar conceitos e atitudes. Lembrando sempre que o ocupante de cargos públicos está na função para servir a sociedade, e não o contrário.

---

* Publicado originalmente na revista *Expressão* nº 95 (Florianópolis), em 1999.

A COMUNICAÇÃO DAS EMPRESAS

Os últimos tempos têm sido ricos em exemplos de inadequada comunicação empresarial, entre os quais se destacam casos como os da Schering, da Telefónica (em São Paulo), da Ford, da Light (no Rio de Janeiro) e vários outros, basicamente originários de empresas estrangeiras, que vêm investindo no Brasil sem os necessários cuidados para respeitar nossos valores e nossa cultura, ou sem os cuidados sociais e éticos com que agiriam em seus países de origem. De certa maneira, pode-se dizer que os brasileiros conseguem hoje ter uma idéia mais real de como foi a invasão dos bárbaros no final do Império Romano, assunto que conheciam apenas dos livros de história.

Não se trata de um comportamento geral dos investidores estrangeiros, nem se pode excetuar empresas de capital nacional dessa lista de ações inadequadas no seu relacionamento com consumidores ou usuários, colaboradores, acionistas e sociedade em geral.

Para muitas organizações privadas, como para a maioria do poder público, comunicação e relações públicas ainda se confundem com tentativas de maquiagem, manipulação ou simplesmente com busca de persuasão através de propaganda, muitas vezes enganosa.

Essa postura contrasta com a visão moderna do processo de comunicação, que exige transparência, procedimentos éticos, informações verdadeiras e abertura para a discussão de diferenças e explicitação dos conflitos. Para adotar atitudes que correspondam a essa postura, é necessário, antes de mais nada, que as empresas e seus dirigentes tenham disposição e interesse em possibilitar e facilitar o aumento da compreensão mútua com os diversos grupos sociais com que se relacionam. E que, além disso, contem com um adequado e confiável suporte profissional para discussão de alternativas e formas de comunicação.

Certamente não é fácil montar essa equação. Primeiro, há de parte dos empresários brasileiros uma longa tradição autoritária e paternalista. E de parte dos executivos estrangeiros uma tendência a se considerarem superiores, por serem provenientes de países mais ricos e de maior tradição. A segunda dificuldade é encontrar profissionais que tenham embasamento cultural e profissional, conhecimento da organização e visão estratégica para assessorar a empresa no nível decisório. Assim, o primeiro impulso de muitos desses dirigentes é considerar desnecessário incluir a comunicação entre suas preocupações com o planejamento estratégico, eliminando a necessidade de avaliar tendências e prever conseqüências, o que permitiria desenvolver e implantar programas antes de os prováveis problemas ocorrerem.

A sociedade brasileira está deixando claro, sempre que possível, que exige transparência, honestidade e ética, e os dirigentes empresariais precisam se convencer de que esses valores são fundamentais para seu sucesso e permanência. Além de atitudes pró-ativas, que têm sido tomadas em questões políticas ou em reclamações e ações contra comportamentos indesejáveis e incorretos, todas as pesquisas comprovam essa tendência. No ano passado, por exemplo, os quatro mil executivos ouvidos pelo Instituto Brasileiro de Executivos de Finanças consideraram a honestidade o princípio ético mais importante, seguido pela responsabilidade e transparência. E uma pesquisa do Observatório de Políticas Culturais da USP mostrou que os jovens relacionam entre os principais problemas que enfrentam a falta de ética (33%) e a dificuldade de identificar valores (22%), ao lado da violência e da falta de perspectivas profissionais.

Melhorar a comunicação empresarial, mais do que uma opção, é, portanto, parte indispensável dos programas para o ano 2000, de quem quer realmente chegar lá em condições competitivas.

---

* Publicado originalmente na revista *Expressão* nº 96 (Florianópolis), em maio de 1999.

A ÉTICA E A PROPAGANDA

O setor de propaganda foi pioneiro no Brasil em criar um sistema de auto-regulação, através do Conar, defendendo a correção da informação veiculada nos anúncios, a garantia dos direitos autorais e limites éticos e morais nas mensagens. Acusados muitas vezes de vender ilusões e de convencer os consumidores a comprar produtos e serviços de que não precisam, ou que não têm as qualidades apregoadas, os publicitários foram capazes de criar um instrumento de proteção da sociedade contra mensagens enganosas, que ao mesmo tempo transmite maior credibilidade à profissão. Ao contrário dos conselhos profissionais – de engenharia, medicina, psicologia, relações públicas e outros – constituídos para defesa de interesses corporativos e sustentados por recursos compulsórios, o Conar pode ser considerado uma iniciativa de caráter realmente privada, com uma visão mais voltada para fora do que para a categoria. E tem tido bastante sucesso na sua missão, o que representa um avanço ético importante numa atividade que influencia fortemente a atitude dos consumidores.

Os tempos mudaram e os publicitários, que têm um senso muito claro da oportunidade, foram capazes de se antecipar à crescente exigência de transparência da sociedade. Numa época em que as informações são transmitidas em tempo real e existe ampla liberdade de informação e de divulgação (com algumas exceções ainda), não dá para tentar vender gato por lebre. Um importante profissional do setor me contou que quando lançaram o Maverick (faz tempo), que consumia muita gasolina, teve a idéia de dar um prêmio a quem conseguisse obter o menor consumo rodando certa quilometragem no Autódromo de Interlagos. E saiu logo em seguida em campanha, afirmando: "Maverick....km por litro, provado em Interlagos". Hoje, acrescentou ele, isso não seria possível, criaria imediato descrédito para o produto e para a agência. Felizmente.

É verdade que nem tudo são flores, há também espinhos. Na propaganda comercial, a falta de ética se manifesta principalmente nas campanhas ou anúncios que divulgam produtos com efeitos miraculosos para a saúde, o emagrecimento, a beleza, a forma física etc., que ocupam boa parte do tempo nas televisões e também nas rádios. O problema também aparece nas posturas enganosas com mensagens teoricamente verdadeiras, como é o caso dos supermercados e lojas que anunciam alguns produtos a preços muito baixos, mas que o consumidor já encontra esgotados, mesmo se chega ao estabelecimento pouco depois de ele abrir. A chamada se destina principalmente a enganar os trouxas, como esse tipo de dirigente empresarial tende a considerar seus consumidores, que com certeza vão deixando de sê-lo.

Já na propaganda política, também chamada de marketing político, a situação é inversa: a regra é a falta de ética, a mensagem enganosa e falsa. Os profissionais assessoram os candidatos para que façam as promessas e defendam as idéias que os eleitores querem ouvir, mesmo que não tenham qualquer intenção de cumpri-las ou não acreditem nelas. Outro segmento em que se vendem basicamente ilusões é o dos curandeiros, magos, adivinhos, tele-sexo e similares, em que o objetivo parece ser mesmo o de pegar o telespectador, ouvinte ou leitor distraído.

Um novo e importante avanço ético que se pode desejar para a propaganda no Brasil é deixar de patrocinar os programas de estímulo à violência e os de mundo cão, que se tornaram uma praga na televisão brasileira, estimulando o crescimento do crime e a redução dos padrões comportamentais. Quem sabe os publicitários sejam capazes de mais esse avanço em benefício da sociedade brasileira.

---

* Publicado originalmente na revista *Expressão* nº 97 (Florianópolis), em 1999.

A SEGURANÇA E A SAÚDE NO TRABALHO

O XV Congresso Mundial de Segurança e Saúde no Trabalho, realizado em abril, em São Paulo, foi destaque na imprensa internacional, que aproveitou a oportunidade para mostrar como as empresas e as entidades de cada país cuidam do assunto. Não se trata apenas de um problema humano, de qualidade de vida, mas também de um fator econômico, pois os estudos internacionais mostram que as perdas associadas a acidentes e doenças resultantes do trabalho equivalem a 4% do PIB mundial.

No Brasil, as estatísticas mostram que o problema já foi bem mais grave do que atualmente, devido tanto à crescente conscientização dos dirigentes empresariais e sindicais e dos próprios trabalhadores, sobre a necessidade de adotar medidas de prevenção, como à substituição e instalação de equipamentos antigos por novos, que já trazem incorporados sistemas de proteção e de redução de riscos.

Entretanto, a crescente informalização do mercado de trabalho no País, decorrente da nova organização produtiva no mundo e da política adotada por nosso governo, certamente não está possibilitando uma correta medida dos acidentes de trabalho e das doenças dos profissionais. Os autônomos, microempresários e aqueles que atuam de modo totalmente informal, que, em conjunto, representam a maior parte das pessoas que trabalham no País, não fazem parte das estatísticas.

Assim, continua sendo muito importante que se mantenha uma ação permanente para reduzir o nível de acidentes de trabalho e doenças profissionais, salvando vidas, evitando danos pessoais irreversíveis e diminuindo custos hospitalares e de tratamento. Mesmo nas empresas organizadas – pequenas, médias e grandes – há muito o que fazer nessa direção, visto que, por um lado, muitas ainda se limitam às obrigações legais, e, por outro lado, o brasileiro tende a ser pouco consciente do perigo, achando que os problemas só acontecem com os outros.

É, portanto, parte integrante da responsabilidade ética, social e também econômica do dirigente de empresa realizar um trabalho de informação, comunicação e treinamento que reduza o nível de acidentes e doenças profissionais. Além, evidentemente, de mudar processos de trabalho que criam riscos desnecessários. Minha experiência como consultor mostra que, abrindo espaço para manifestação dos que estão diretamente envolvidos no trabalho, obtêm-se preciosas sugestões que permitem a baixo custo reduzir de modo significativo os riscos de doenças profissionais e acidentes.

Com a mesma disposição com que os empresários do País se dedicaram à implantação dos programas de certificação de qualidade (ISO 9000), e agora estão se dedicando a conquista da ISO 14000, é necessário um esforço especial para conseguir uma contínua melhoria nas estatísticas de acidentes. Até mesmo porque essa será a próxima grande onda na busca de certificações.

Se é verdade que muitas instituições estão trabalhando nessa direção, e existem uma competência e um acervo técnico de bom nível no País, também é verdade que o tema ainda não assumiu a mesma prioridade que as certificações de qualidade nas empresas. Basta ver que a comunicação interna e externa sobre segurança, os prêmios pelos resultados alcançados e o destaque do tema são ainda bastante restritos. As CIPAs e as Semanas Internas de Prevenção de Acidentes continuam a receber menos atenção do que deveriam, tendo em vista sua importância na prevenção de acidentes e doenças profissionais. É, portanto, hora de priorizar a saúde, a vida e a integridade física de quem trabalha.

---

* Publicado originalmente na revista *Expressão* nº 98 (Florianópolis), em 1999.

A SONEGAÇÃO É ACEITÁVEL?

É muito comum nas numerosas reuniões de que participo com médios, pequenos e microempresários o assunto sonegação X correto pagamento de tributos vir à baila, com a maioria defendendo como legítimo o uso de todos os recursos para fugir ao recolhimento do que é devido ao Fisco. Trata-se de pessoas com hábitos normais, dirigindo empresas regularmente constituídas, ativas, trabalhadoras e interessadas no futuro do País. Muitas delas dedicam parte significativa de seu tempo a atividades de cunho social, em entidades voltadas para a ação junto a parcelas carentes da sociedade, discussão de programas de desenvolvimento humano ou de ação política desinteressada.

Apesar disso, esses empresários consideram legítimo sonegar os tributos devidos. E a alegação principal que usam é a do excesso da carga incidente sobre empresas e pessoas físicas, que, se paga, inviabilizaria o negócio. Outra alegação constante é a de que os recursos passados ao governo vão de qualquer modo ser desperdiçados pela corrupção, apadrinhamento e desvio das verbas públicas.

Certamente as duas alegações são verdadeiras, como mostram tanto a comparação com a carga tributária de outros países como os constantes exemplos de malversação de recursos públicos – vide precatórios, câmaras municipais, TRT em São Paulo, anões do orçamento etc. etc.

Sonegar é, portanto, socialmente aceito pelos pequenos.e médios empresários como uma medida de autodefesa contra um Estado mal gerenciado, ineficaz e no qual os ocupantes de cargos públicos auferem benefícios indevidos.

A situação não é a mesma para as grandes empresas e as multinacionais, que reclamam bastante da concorrência desleal provocada pelos que sonegam tributos que elas se vêem obrigadas a pagar. De modo geral, se defendem de outras maneiras, utilizando as brechas da lei para reduzir legalmente o pagamento de tributos, para o que contam com competentes assessores tributários – muitas vezes inacessíveis às empresas menores.

Não pagar tributos é um velho hábito do brasileiro, como mostram pesquisas realizadas em várias épocas. Por exemplo, na Sondagem sobre Valores Éticos realizada pelo professor Hermano Cherques, da FGV, em 1993, 52% dos executivos entrevistados achavam que "a sonegação de impostos é condição de sobrevivência para as empresas". E 47% acreditavam que "a maioria dos funcionários públicos é subornável".

É preciso mudar essa cultura se queremos um país mais ético. A mudança passa por quatro iniciativas: o reconhecimento do problema, a discussão séria de uma reforma tributária, uma anistia fiscal bastante abrangente e a adoção de medidas punitivas mais eficazes, após resolvidos os três problemas anteriores. É claro que essas medidas punitivas precisarão alcançar os dirigentes empresariais faltosos. Mas antes disso elas precisam mostrar-se eficientes na condenação ao amplo espectro de ocupantes de cargos públicos – eleitorais ou não – que se locupletam com recursos obtidos através de comissões ilegais, prevaricação, desvio de recursos e outras formas de utilizar suas posições para enriquecer a si e a seus familiares, como o País tem visto nestes 500 anos após o descobrimento.

---

* Publicado originalmente na revista *Expressão* nº 99 (Florianópolis), em 1999, e no boletim *Datapactum* nº 91 (SP), em 1999.

O SIGNIFICADO DO BALANÇO SOCIAL

A sociedade brasileira espera que o empresário, além de sua atividade, se envolva com os problemas gerais, ajudando a reduzir a pobreza e as injustiças. O processo de privatização ampliou essa expectativa, pois as empresas estatais eram também responsáveis pela concessão de benefícios sociais às comunidades onde estavam.

Como parte desse envolvimento social, as empresas precisam transmitir à sociedade uma informação do que estão fazendo. É esse o papel do Balanço Social, um documento complementar às demonstrações econômico-financeiras e ao relatório de administração que as empresas apresentam anualmente.

O Balanço Social deve ser um documento informativo e transparente, destacando os pontos positivos e não deixando de mencionar os negativos. Ou seja, ele soma uma prestação de contas a uma tomada de posição dos dirigentes da empresa em relação ao seu setor de atuação, às comunidades ou regiões onde estão instalados e ao país como um todo.

Seu conteúdo começa com um desdobramento do valor adicionado pela empresa (que também vai ser a base para o novo sistema de tributação), mostrando o que acontece com a diferença entre o que se compra e o que se vende. Tributos federais, estaduais e municipais, remuneração do trabalho e encargos obrigatórios, benefícios voluntários aos colaboradores, doações e investimentos sociais/culturais/educacionais ou esportivos, valores pagos a terceiros, custos financeiros e remuneração do capital precisam ser bem explicitados e analisados, para que possa ser entendido o papel da empresa na sociedade. Alterações em itens como o número de funcionários e de unidades entre o início e o fim do ano, com explicações de por que variaram, fazem parte. Não é fácil para o empresário brasileiro abrir seus números – a maioria não gosta nem de dizer qual é o salário médio – mas o Balanço Social exige mais transparência, mesmo que isso vá ocorrendo por etapas.

Ao se envolver em projetos sociais/culturais/educacionais ou esportivos, fora de seu âmbito específico de atuação negocial, a empresa está fazendo o que se espera de dirigentes conscientes de seu papel na sociedade, como promotores do desenvolvimento. Além da satisfação e do ganho em imagem, empresas como a Natura, a C&A e outras envolvidas em projetos sociais sentem um estímulo à aceitação dos seus produtos, serviços e ações pelos consumidores e investidores. O Balanço Social amplia esses resultados, ao registrar essa postura, e é um testemunho e um incentivo àqueles que ainda não saíram dos limites de suas instalações para se envolver de forma mais ativa com o progresso do País e a superação das injustiças sociais.

Embora relançado pelo saudoso Betinho, o Balanço Social não é uma novidade entre nós, pois há décadas a Associação dos Dirigentes Cristãos de Empresas promovia sua edição pelos associados, tendo estimulado a edição de um livro sobre o tema (de Ernesto Lima Gonçalves). O tema foi esquecido com as décadas perdidas, os processos que desconsideram os valores humanos, como a reengenharia e outros, e a globalização.

Além do impulso dado pela boa lembrança do Betinho, o Balanço Social corresponde à mudança de padrão que se vem observando nos Estados Unidos, deixando de lado a idéia de que a empresa só existe para dar retorno de curto prazo aos acionistas (*shareholders*) para ter uma responsabilidade junto a todos os grupos com ela envolvidos (*stakeholders*): funcionários, fornecedores, consumidores, clientes, comunidades próximas etc.

A nova percepção que os cidadãos comuns têm do empresário é de pessoas com capacidade de liderança, que podem ajudar a mudar o País, infelicitado por um sistema político e jurídico inadequados, pela corrupção e pela incompetência dos ocupantes de cargos públicos. Para corrigir esse papel e atender à expectativa da sociedade, os empresários, além de se envolver na discussão dos destinos da Nação, e de atuar em projetos sociais, devem documentar o que fazem no Balanço Social, um documento que passará a ser imprescindível.

---

* Publicado originalmente na revista *Expressão* nº 100 (Florianópolis), em 1999.

RELEMBRANDO JOHN F. KENNEDY

Ficaram gravadas na memória dos que viveram os anos 60 as palavras do presidente Kennedy, ao se preparar para assumir o cargo de presidente da República: "não perguntem o que o país pode fazer por nós, mas nos perguntemos o que podemos fazer pelo país".

Houvesse hoje uma liderança mais expressiva entre nós e seria hora de repetir a frase, chamando todos a cooperarem na recuperação do Brasil. Vivemos uma séria crise, decorrente de múltiplos fatores: muitos anos de malversação de recursos públicos, do estabelecimento de privilégios inaceitáveis, de má gestão governamental, de escolha errada nas prioridades, de equívocos na construção da estrutura do Estado, de maus hábitos pessoais, empresariais, políticos etc.

Não adianta se queixar do passado, embora valha a pena analisá-lo e conhecê-lo melhor, afastando algumas das fantasias que cercam a nossa história oficial, como já vêm fazendo vários estudiosos. Conhecer os erros do passado é muito importante para evitar repeti-los em novas circunstâncias, embora infelizmente não baste para eliminá-los.

O que cada um de nós pode fazer para melhorar o País, reduzindo as injustiças decorrentes da pior distribuição de renda da Terra, a corrupção, a falta de ética?

Em primeiro lugar é preciso deixar de lado a síndrome do imediatismo que acometeu o País e que vem levando políticos a mudar de partido para ter mais chance nas próximas eleições, ruralistas a pedir o perdão das dívidas sem pensar nas conseqüências, governantes a efetuar mudanças tributárias apenas para reforçar o caixa, oposicionistas a pedir a renúncia do presidente eleito pela maioria para ganhar espaço na mídia, deputados a deixar de lado a reforma política – porque pode prejudicar suas candidaturas – e a reforma da previdência, porque pode tirar votos e assim por diante.

A construção de um país melhor para todos exige esforço global e sacrifícios – até para os que estão na camada mais privilegiada e dispõem de tudo, mas precisam andar de carro blindado, colocar grades nas residências, enviar filhos para estudar no exterior etc. Um grande pacto nacional para transformar o País num prazo de dez a vinte anos é a única forma de superarmos a miséria e a violência que estamos vendo crescer.

Muitas pessoas que têm capacidade de liderança e visão ética já estão trabalhando isoladamente, ou em grupos, para ajudar a mudar as condições sociais do País. Basta ver o crescente número de voluntários. São ONGs, associações, empresários, professores e até políticos e pessoas ligadas ao governo. Exemplos típicos são o esforço bem-sucedido que vem sendo feito pelo Programa Comunidade Solidária na redução da mortalidade infantil em municípios mais pobres e os programas de educação mantidos por municípios, empresas, organizações não governamentais, grupos religiosos e outros.

É preciso mais do que isso. Trata-se de conseguir uma mudança na postura ética individual, esquecendo as quatro leis mais usadas no País: é preciso levar vantagem em tudo; se os outros podem, eu também quero; é dando benefícios especiais que se recebe (votos ou "jabá"); no meu direito adquirido ninguém mexe. E adotar como princípio ético o que dizia Kennedy: "como é que eu posso ajudar a melhorar o país?", o que implica disposição para perder privilégios, mesmo os que a lei nos concederia.

Podemos, por exemplo, apoiar o adiamento das aposentadorias para os 60 anos e continuar trabalhando; podemos todos contribuir para a aposentadoria – os que não podem não são leitores da revista; podemos eliminar os salários de vereadores dos pequenos municípios e reduzir ao mínimo o dos prefeitos e assim por diante. É possível mudar o País, basta muitos de nós querermos.

---

* Publicado originalmente na revista *Expressão* nº 101 (Florianópolis), em 1999.

ÉTICA E RESPONSABILIDADE SOCIAL

Chegamos ao final dos anos 1000 com um retorno muito positivo ao que hoje se chama responsabilidade social, tanto por parte de empresários como de cidadãos comuns. É cada vez maior o número de pessoas e empresas que vêm buscando assumir ou ajudar em atividades que colaborem para melhorar as condições de vida da parcela menos privilegiada da população. São entidades, fundações, institutos, associações ou grupos informais atuando nas áreas de saúde, educação, treinamento, defesa do ambiente, assistência social, lazer, cultura etc. A mídia tem buscado divulgar essas ações, estimulando outras e ajudando a atingir um nível de voluntariado que está a exigir novas entidades e organizações para absorvê-las.

Voltamos assim a uma situação que, de forma distinta, já existiu entre nós em tempos anteriores, na época com o nome da filantropia (de *philanthropos* – amigo do ser humano), solidariedade, generosidade, benemerência, caridade ou outros. E que foi responsável pela implantação das Santas Casas, da Cruz Vermelha e de tantos outros movimentos sociais voluntários. O advento do socialismo, com a tese que o Estado iria resolver todos os problemas da sociedade, arrefeceu essa crença na dedicação voluntária e na iniciativa individual, que felizmente estão de volta com mais intensidade.

Se cada um de nós, que temos alguma condição de ajudar ao próximo, fizer sua parte, vamos certamente ver mais rapidamente solucionados os terríveis problemas sociais que o País enfrenta. Os resultados positivos que estão aí em todos os setores mostram que é possível, com dedicação e um volume limitado de recursos – às vezes só de tempo – ajudar a mudar situações que pareciam sem solução. Nesse sentido, o final dos anos 1000 é alentador, apesar da gravidade e das dimensões dos problemas causados por equívocos, corrupção e malversação de recursos públicos.

Já no campo da ética, a preocupação da sociedade ainda é bem menor. Embora haja uma crescente sensibilização, estamos muito longe dos objetivos que precisamos alcançar e persiste uma tendência a aceitar passivamente os desvios, fazendo de conta que eles não existem. Por exemplo: nosso sistema político privilegia a corrupção, a impunidade e o interesse corporativo. As tentativas de reformá-lo não caminham e os políticos corruptos freqüentam normalmente a sociedade. A Justiça é lerda, insuficiente e elitista, em função do excesso de leis, de sua falta de clareza e da existência de focos de corrupção no Judiciário. Na vida privada e nas entidades, empresas, associações etc. as pessoas se sentem inibidas de separar o chamado "fruto podre" ou tentar reencaminhá-lo e mantêm uma cumplicidade absolvedora de suas faltas. É verdade que às vezes há iniciativas positivas, como acontece neste final de ano com a Comissão do Narcotráfico, que está valentemente enfrentando a questão e denunciando os corruptos. Esperamos e confiamos que não acabe como na maioria das outras vezes apenas projetando os holofotes sobre seus componentes e limitando-se a apanhar os peixes pequenos.

Enfim, a mudança está ocorrendo e apressá-la depende de cada um de nós: individualmente e em grupo. Não adianta reclamar. Nosso país só completará 200 anos de independência em 2022 como uma sociedade mais justa, mais solidária e mais ética se tivermos a capacidade de lutar por isso. O céu nos ajudará se nós nos ajudarmos.

---

* Publicado originalmente na revista *Expressão* nº 102 (Florianópolis), em dezembro de 1999.

PROPOSTAS PARA UM NOVO BRASIL

Deixando de lado a discussão se estamos ou não começando um novo milênio, o ano 2000 pode ser um marco para iniciarmos a construção de um novo Brasil, o país com o qual sonharam os imigrantes que aqui aportaram à busca de oportunidades, desde 1500. Podemos, como brasileiros, orgulhar-nos de algumas realizações dos que nos antecederam nesses quinhentos anos da chegada da missão portuguesa, comandada por Cabral. Foi possível manter unida uma extensão de terra que nos coloca em quinto lugar entre os maiores países do mundo, com uma população multiétnica, falando uma única língua e sem maiores rivalidades entre os habitantes dos diversos Estados. Somos também a décima maior potência econômica do mundo e provavelmente o país de economia mais diversificada ao sul do Equador. Restauramos o caminho democrático sem grande violência todas as vezes em que ele havia sido interrompido. E há numerosos outros aspectos com os quais podemos estar satisfeitos após estes primeiros 500 anos.

Mas, em contraposição, são muitos os aspectos que nos deveriam entristecer neste início dos anos 2000 e, mais do que isso, que nos devem mobilizar para forçar mudanças em nosso país. Somos, desde a chegada dos portugueses, um país injusto. Começamos quase exterminando os indígenas, mantivemos a escravidão mais tempo do que qualquer outra nação do mundo e, mais recentemente, não fomos capazes de possibilitar a criação de condições adequadas de educação, saúde, moradia e uso da terra para uma grande parte de nossa população. Nem de exigir padrões éticos mínimos daqueles que detêm o poder político, econômico ou social. O resultado é que hoje estamos todos ameaçados pelo crescimento do tráfico de drogas e outras formas de crime organizado, que estão solidamente infiltradas nos poderes Executivo, Legislativo e Judiciário, no mundo empresarial, social, esportivo e em praticamente todos os demais segmentos, como mostraram as CPIs do final de 1999. E que ampliam de forma exponencial o risco de vida que cada um de nós corre em função da violência cotidiana nas cidades e no campo.

Para mudar essa situação, é preciso deixar de lado a síndrome do imediatismo que se apossou de nosso país e pensar a mais longo prazo, pois os atuais problemas não serão, nem podem ser, resolvidos de imediato.

Em 2022 estaremos comemorando 200 anos como país independente e podemos fazê-lo numa condição inteiramente diversa da atual, se nos dedicarmos desde já, com empenho, à tarefa de mudar o Brasil aos poucos, porém de forma consistente e objetiva.

Essa é a proposta que fiz ao PNBE – Pensamento Nacional da Bases Empresariais e que precisa da adesão de inúmeras outras associações e organizações para se viabilizar. Não se trata de uma criação minha: no Peru, um grupo de empresários e intelectuais vem desenvolvendo um projeto similar para 2021, o bicentenário da independência do país. O processo é simples, porém trabalhoso. Para começar, temos de analisar e buscar o consenso do que queremos em 2022 em vários setores, considerando a realidade atual. Assim, como exemplos de objetivos: na saúde, é ter eliminado o despejo de esgotos in *natura* nos rios e no oceano; na educação, é ter todas as crianças com 11 (ou 12) anos de escolaridade; na política, termos a representação no Legislativo proporcional à população e um sistema partidário mais consistente; no sistema de aposentadoria, todas as pessoas contribuírem e terem direito a valores compatíveis com o que recolheram; na justiça, termos um sistema menos complexo de leis e uma decisão mais rápida. E assim por diante, em vinte tópicos de uma seleção inicial que fiz e para a qual espero a adesão e a contribuição de todos.

Um Brasil mais justo e mais ético, onde não se precise ter medo de ser assaltado na esquina e onde haja oportunidades para todos não deve ser esperado apenas da atuação de governantes bem escolhidos. Para chegar lá, em 2022, é necessária a soma de esforços e ações de cada um dos brasileiros interessados na construção de um país melhor.

---

* Publicado originalmente na revista *Expressão* nº 103 (Florianópolis), em fevereiro de 2000.

RESPONSABILIDADE ELEITORAL

Quais são os principais problemas do Brasil? Segundo os formadores de opinião de 14 municípios de uma das regiões mais desenvolvidas do País, onde acabo de conduzir uma auditoria de opinião, eles são: o desemprego, a carência de educação e saúde, a violência, a miséria, a corrupção e os políticos. Os responsáveis por esses problemas, segundo os mesmos entrevistados, são os políticos, os governos e o povo que os elege, do qual se consideram parte.

Assim, as novas eleições colocam para cada um de nós um duplo desafio: escolher bem em quem votar e buscar convencer outros a escolher adequadamente seu candidato a vereador ou prefeito. Lembrando que mais de 300 prefeitos eleitos em vários Estados do Brasil estão sendo processados por peculato, desvio de verbas e outras formas de corrupção. E que em diversos municípios, vereadores foram afastados ou presos, além dos que estão respondendo na Justiça.

Para os empresários, as eleições apresentam um desafio adicional: se e como ajudar financeiramente a um ou mais candidatos.

O financiamento de campanhas eleitorais, cada vez mais caras em todos os países, é certamente um dos campos mais propícios à corrupção, como nos têm mostrado os exemplos do chanceler Kohl, da Alemanha, ou de Mitterrand, na França, de Craxi, na Itália, para não falar das dezenas de casos mais graves na Ásia – e, é claro, entre nós.

Campanhas eleitorais exigem recursos e, assim, é natural que os empresários acabem sendo o foco número um desse levantamento de fundos, seja para contribuírem como pessoas jurídicas, seja como pessoas físicas. Como a legislação estabelece limites e os candidatos não querem deixar clara a origem do financiamento de suas campanhas, a tendência é sempre para que a contribuição venha através do caixa-dois, ou seja, à margem da lei. Por mais bem intencionados que possam ser candidatos e financiadores, uma vez iniciada a transgressão legal, não há mais nada que a limite. E isso contribui para nossa crescente deterioração política, moral e ética. Empresários sérios e responsáveis que financiam candidatos por "baixo do pano", agem da mesma forma que os mafiosos, os traficantes, o crime organizado. E aí fica impossível separar o joio do trigo.

Urge mudar essa situação. Precisamos exigir que os partidos tenham um comportamento mais ético, não incluindo os Hildebrando "motoserra" e similares em suas listas de candidatos. E temos que ajudar a transformar a política numa atividade compatível com os valores morais, éticos em que acreditamos – e sou da opinião de que a maioria dos empresários brasileiros tem valores respeitáveis.

Um caminho é financiar apenas partidos e fazê-lo na forma e nos limites que a lei permite. Complementar ou alternativamente, financiar entidades que se disponham a divulgar princípios e condições a serem exigidos dos partidos e dos candidatos. Já há empresários responsáveis fazendo isso em alguns pontos do País, ajudando a preparar e imprimir cartilhas de orientação eleitoral.

Como mostrou a auditoria que realizamos, os culpados pelo desemprego, pela violência, pelo baixo nível de educação e saúde, pelos privilégios, pela corrupção, pelo mau uso dos recursos públicos e pela posição brasileira nos últimos lugares do IDH – Índice de Desenvolvimento Humano somos apenas nós, que elegemos, possibilitamos ou permitimos que sejam escolhidos e eleitos os políticos que hoje temos e que vêm levando o País à situação em que chegamos.

Se queremos mudar o Brasil, é preciso começar pela área política municipal, e essa é uma responsabilidade de todos nós, particularmente daqueles que têm mais possibilidade de influir, como a classe empresarial.

* Publicado originalmente na revista *Expressão* nº 105 (Florianópolis), em abril de 2000.

A REGULAMENTAÇÃO DO *LOBBY*

Há mais de 20 anos que se discute a regulamentação do *lobby*, atividade de informação e relações governamentais que, por falta de um devido acompanhamento, acabou se transformando entre nós em sinônimo de corrupção política. Os ingleses, que inventaram o termo, e os americanos, que consolidaram a atividade, distingüem claramente o *lobby* da outra atividade, mais conhecida como *bribery*, embora as duas muitas vezes se intercruzem.

Um projeto do atual vice-presidente da República, o então senador Marco Maciel, chegou a ser discutido na década de 80, tendo sido tema de um seminário organizado em Brasília pela ABERP – Associação Brasileira de Empresas de Relações Públicas. Infelizmente, o projeto acabou nas gavetas onde se aninham as propostas que não interessam aos detentores do poder e que não contam com a pressão da opinião pública para andar.

O *lobby*, entendido como prática continuada do trabalho de informação e relações governamentais, é uma atividade essencial nas democracias, mas precisa ser feito de maneira clara e de forma identificável, como se faz nos Estados Unidos. É bom lembrar que grande parte de nossos problemas na área de exportação decorre da falta de um programa consistente de relações governamentais e *lobby*, junto ao Congresso dos Estados Unidos e aos órgãos regulamentadores e políticos da União Européia. Embora tenhamos uma presença muito menos significativa no comércio internacional do que países como a China, o Japão, a Coréia e outros, temos muito mais problemas com restrições aos nossos produtos, por falta de *lobby*, algo que esses países organizaram há tempo.

Há dois aspectos essenciais para a democracia na atividade do *lobby*: o primeiro é que os políticos e membros do governo precisam receber informações das quais não dispõem para tomar as decisões corretas. Nenhum deputado, senador, muito menos assessor é onisciente, e informá-los é papel das entidades representativas da indústria, do comércio, dos trabalhadores, dos autônomos, das donas de casa e de todos os outros grupos de interesse da sociedade. É com uma visão mais abrangente dos interesses a favor e contra cada proposta ou decisão que os representantes do governo ou do Legislativo podem tomar iniciativas que beneficiem a maior parte da população e prejudiquem o menor número possível de pessoas – uma vez que não há decisões neutras. O segundo aspecto essencial do *lobby*, quando transparente, é a pressão de grupos organizados a favor e contra as medidas, o que é da essência da democracia, na qual as decisões devem ser tomadas em nome da maioria, respeitados os direitos das minorias. As pressões que o movimento sindical faz contra decretos ou iniciativas que no seu entender prejudicam os trabalhadores, quando realizadas de forma clara e sem agressões, representam o *lobby* legítimo. O mesmo se aplica aos agricultores, exportadores, corretores da Bolsa e a tantos outros grupos que têm buscado influenciar as decisões do Executivo e do Legislativo.

Portanto, em vez de proibir o *lobby*, como querem alguns, o que se deve fazer é regulamentá-lo rapidamente, obrigando cada lobista a se cadastrar, informando para quem trabalha e que interesse representa. Sem isso e sem ter uma folha corrida limpa, sua circulação nos *lobbies* (ou seja, nas salas de espera) e nas dependências dos órgãos públicos deveria ser o mais restrita possível.

É claro que não basta regulamentar o *lobby* para acabar com a falta de ética e a corrupção que caracterizam nosso sistema político, uma vez que elas decorrem principalmente da tradição de considerar que a política é um caminho para enriquecer, da impunidade e de um sistema eleitoral e partidário que obriga os candidatos a buscar votos de uma forma extremamente cara e que no final os coloca distantes dos eleitores.

O presidente da Câmara, Aécio Neves, já deu passos importantes para melhorar a situação, com o andamento do código de ética e do projeto que limita a imunidade. Vamos agora lutar pela regulamentação do *lobby*, avançando mais um pouco em busca de um país ético, onde haja transparência nas atividades dos ocupantes do poder e daqueles que os pressionam.

* Publicado originalmente na *Gazeta Mercantil* (SP), em 26/11/01.

Sobre o autor

Mario Ernesto Humberg é consultor, empresário – dos setores de comunicação e relações públicas e de desenvolvimento de negócios – e palestrante. Escreveu o capítulo um – "Ética Empresarial no Brasil e no Mundo" – do livro *Ética no Mundo da Empresa,* da FIDES/Pioneira, e o capítulo "O Profissional e a Ética Empresarial" do livro *Obtendo Resultados em Relações Públicas,* da Pioneira/ECA/ABERP (em terceira impressão pela Thomson Learning).

É autor e co-autor de vários estudos sobre Oportunidades de Negócios no Cone Sul e sobre Perspectivas Políticas, além de centenas de artigos sobre ética, política, comunicação e oportunidades de negócios, tendo realizado palestras e participado de seminários sobre esses temas nos países do Mercosul, no Peru, na Europa e nos Estados Unidos.

Nascido no Recife em 1939, vive desde os sete anos em São Paulo, onde fez seu curso secundário no Colégio São Luiz. Lá, fundou com colegas o Movimento das Equipes Populares, para desenvolver trabalhos sociais na periferia de São Paulo, e também iniciou sua participação na política secundarista através da criação da Vanguarda Estudantil, tendo sido presidente da União de Estudantes Secundários Paulistanos – UESP e diretor da União Paulista de Estudantes Secundários – UPES.

Formado em Química pela Universidade de São Paulo, na antiga Faculdade de Filosofia, Ciências e Letras, com especialização em Química Industrial, foi presidente do Centro de Estudos Químicos Heinrich Rheinboldt e do Grêmio da Faculdade de Filosofia.

Trabalhou na área de pesquisa e desenvolvimento da Quimbrasil S.A., de onde saiu para montar empresas nas áreas de química e de projetos e montagem industrial. Data dessa época seu envolvimento com questões ambientais, participando do início desse movimento.

Foi professor de química tecnológica e química orgânica na Escola de Engenharia Mauá, nas Faculdades Oswaldo Cruz e na Fundação Tecnológica de Barretos, atividades que exerceu entre 1963 e 1975.

Em 1966, em face da crise, fechou sua indústria e foi dirigir a redação da *Revista Química e Derivados* da Editora Abril, passando em 1968 a ser diretor das revistas de negócios da empresa, cargo que exerceu até o início de 1971. Em 1968 foi candidato a vereador pelo MDB, concentrando sua campanha em aspectos educacionais e na pregação contra a ditadura (não foi eleito). Em 1971 passou a dirigir o *Noticiário da Moda*, que comprou com alguns sócios, lançando nos anos seguintes várias outras publicações destinadas ao setor têxtil, de galvanoplastia e coureiro-calçadista, incluindo edições destinadas a promover os produtos brasileiros no exterior, tendo participado de várias feiras internacionais. Editou também a revista infantil *Pinte o 7*.

Em 1975 vendeu sua participação na Editora Noticiário da Moda e assumiu o cargo de diretor geral da *Gazeta Mercantil*, promovendo a estruturação da empresa e desenvolvendo o projeto de expansão iniciado com o objetivo de tornar o jornal uma publicação nacional na área de economia e negócios. Fundou na época com diretores de outros jornais do País o Bureau Nacional de Jornais, tendo sido seu primeiro presidente.

No final de 1977 deixou a *Gazeta Mercantil* e assessorou o presidente da Fundação Padre Anchieta (Rádio e TV Cultura) em seu processo de reestruturação, além de dirigir a Brazmedia, empresa de representação internacional, formada com o amigo L.Bilyk, que posteriormente deu continuidade ao negócio. Entre 1978 e 1981 foi assessor da presidência das empresas do grupo BASF no Brasil, com responsabilidade pelas relações institucionais e comunicação, tendo participado das negociações sobre a ALADI no setor químico.

A partir de abril de 1981 passou a dirigir a CL-A Comunicações, empresa que criou com dois sócios, Jorge da Cunha Lima e Miguel Ignatios, e da qual em 1983 passou a ser o único dono. Desde 1998 dirige também a Intrix Desenvolvimento de Negócios, voltada à internacionalização de empresas. Nesse período foi diretor, vice-presidente e conselheiro da ADVB – Associação dos Dirigentes de Marketing e Vendas do Brasil, diretor e depois presidente da ABERP – Associação Brasileira de Empresas de Relações Públicas e presidente do Conselho da ABEC – Associação Brasileira das Empresas de Comunicação. É um dos coordenadores do PNBE – Pensamento Nacional das Bases Empresariais, diretor da ADEBIM – Associação das Empresas Brasileiras para Integração no Mercosul e membro do Conselho Empresarial Brasil-Peru.

VALORES E PRINCÍPIOS ÉTICOS

1 O objetivo da CL-A é aprimorar e desenvolver melhores relações entre as organizações-clientes e seus diversos públicos, interna e externamente, através da sugestão, implantação e avaliação de procedimentos, processos e programas. E realizar projetos culturais e edições que considere relevantes ou significativos.

2 Acreditamos que os compromissos assumidos devem ser cumpridos. Consideramos que as atitudes e decisões precisam ser claras, transparentes e definidas. O respeito à dignidade humana é o valor básico de nossa atuação.

3 Defendemos uma sociedade democrática, mais justa e mais humana, baseada na livre iniciativa e em valores orientados por um padrão ético bem definido. Nosso trabalho visa colaborar na busca permanente desse objetivo.

4 Toda informação prestada pela CL-A, ou através da CL-A, sempre corresponde a fatos verdadeiros. Quando é impossível explicitar corretamente os fatos, por questões de confidencialidade negocial, restrições legais ou outras, isso é claramente dito ao interlocutor.

5 A CL-A só aceita trabalhar se tiver acesso a informações amplas e precisas do cliente, mesmo quando estas não se destinam à divulgação. Em contrapartida, a CL-A garante a confidencialidade das informações recebidas, não trabalha simultaneamente para empresas concorrentes e não busca benefícios laterais decorrentes das informações confidenciais que detém.

6 A CL-A não trabalha para clientes com cujas posições éticas ou negociais não concorda, salvo quando contratada para colaborar em sua modificação. Quando atitudes do cliente se chocam com seus valores e princípios éticos, ou com as mudanças necessárias, a CL-A deixa o trabalho explicando o porquê.

7 Os diversos instrumentos do trabalho de relações públicas e comunicação são usados para atingir de forma ética, transparente e responsável o objetivo de melhorar as relações da organização-cliente com seus diversos públicos. A CL-A se recusa a utilizar qualquer desses instrumentos com a finalidade de manipular, confundir ou iludir qualquer segmento da sociedade.

8 O foco principal do trabalho da CL-A é aumentar a satisfação das pessoas que trabalham na organização-cliente ou com ela se relacionam, através de mudanças na ética organizacional, nas relações de trabalho, nas relações com a sociedade em geral e com cada um dos seus segmentos em particular.

9 Clientes e potenciais clientes são claramente informados sobre nossos valores, princípios, competências, limitações e forma de cobrança e/ou remuneração. Eles são alertados ou contestados cada vez que não tenham razão ou suas propostas não correspondam ao que entendemos correto ou ético.

10 A CL-A se remunera tendo como base as horas trabalhadas e não recebe comissões. Seus *fees* são estabelecidos com base na estimativa de tempo de atendimento, de acordo com a dimensão do trabalho e a possibilidade do cliente. Todo cliente merece da CL-A a maior atenção e correção na execução do trabalho proposto, independente de sua participação na receita. Quando não é possível atendê-lo adequadamente, ele receberá a sugestão de procurar outra consultoria ou assessoria.

VEÍCULOS QUE PUBLICARAM OS ARTIGOS QUE COMPÕEM ESTE LIVRO

A Notícia (Joinville)
- PC e a ética empresarial

Anais Intercom (Vitória)
- A ética e os profissionais de comunicação

Boletim DataPactum
- A sonegação é aceitável?

Diário do Comércio (MG)
- Ética empresarial é necessária no Brasil
- Ética empresarial ficou subdesenvolvida
- PC e a ética empresarial

Diário do Comércio (SP)
- A comunicação do governo e o pessimismo

Diário do Comércio e Indústria (SP)
- Ética nos negócios

Diário do Grande ABC (Santo André)
- Ética e concorrência internacional

Gazeta Mercantil
- A regulamentação do *lobby*
- Ética empresarial é necessária no Brasil
- Privatizações, cisões, aquisições e relações com investidores
- Revogar o que sobrou do Pacote de Abril

Jornal da Tarde (SP)
- Revogar o que sobrou do Pacote de Abril
- Ética, direitos humanos e o Timor Leste

O Estado de S. Paulo
- A difícil escolha do presidente
- Ética empresarial é necessária no Brasil
- Ética profissional e divulgação
- PC e a ética empresarial

O Globo
- Ética e concorrência internacional

Revista Brasileira de Administração (Brasília)
- Ética nos negócios

Revista Cidade Nova (Vargem Grande Paulista)
- A difícil ética na política

Revista Empresa Perspectiva (ADCE)
- Inflação e ética empresarial

Revista Expressão (Florianópolis)
- A comunicação das empresas
- A comunicação dos governos
- A crise da globalização e os empresários
- A ética e a propaganda
- A expansão internacional das empresas
- A segurança e a saúde no trabalho
- A sonegação é aceitável?
- Certificações ISO e ética empresarial
- Cidadania ambiental e ética
- Diferenças entre Brasil e Estados Unidos
- Escândalos e ética empresarial
- Estabelecendo programas de ética empresarial
- Ética – O exemplo americano
- Ética e concorrência internacional
- Ética e conflitos de interesse
- Ética e pizza
- Ética e responsabilidade social
- Ética e sigilo fiscal
- Ética e transferências empresariais
- Ética empresarial
- Ética empresarial e competitividade
- Ética empresarial e eleições
- Ética empresarial é necessária no Brasil
- Ética empresarial e o consumidor
- Ética empresarial e política
- Ética sem paredes
- Ética, direitos humanos e o Timor Leste
- Fazendo negócios no Brasil
- Furtos e ética nas empresas
- Hora de participar
- Impactos positivos na ética política
- O significado do balanço social
- Propostas para um novo Brasil
- Relembrando John F. Kennedy
- Responsabilidade eleitoral
- Um bom ano para a ética

Envie-nos seus dados e receba informações sobre os próximos lançamentos

Basta responder a este questionário e enviá-lo para:
Editora CLA Cultural Ltda.
Rua Cel. Jaime Americano, 30 – salas 11,12,13 – Vila São Francisco
05351-060 – São Paulo (SP)
Ou preencher a pesquisa no nosso site: www.editoracla.com.br

Nome: _____
End.: _____
CEP: _____ Cidade: _____ Est.: _____
Fone: _____ E-mail: _____
Estado civil: ☐ solteiro   ☐ casado   ☐ outros
Sexo: ☐ masculino   ☐ feminino
Profissão:
Escolaridade: ☐ ensino fundamental   ☐ ensino médio
   ☐ superior   ☐ pós-graduação

Qual o tipo de livro que você costuma comprar?
☐ Administração/Negócios   ☐ Comunicação
☐ Esporte   ☐ Informática
☐ Literatura infantil   ☐ Saúde
☐ Outros _____

De que forma você costuma comprar livros?
☐ Livrarias   ☐ Mala direta
☐ Internet   ☐ Outros
☐ Feiras e Congressos

Com que freqüência?
☐ 1 a 2 livros por ano   ☐ 5 a 6 livros por ano
☐ 3 a 4 livros por ano   ☐ mais de 6 livros por ano

Quais os fatores que influenciam sua compra?
(enumere em ordem de importância)

___ Preço ___ Tema
___ Capa ___ Editora
___ Autor ___ Divulgação na mídia
___ Formato ___ Tamanho da letra
___ Número de páginas ___ Exposição nas livrarias
___ Recomendação de amigos

Você gostaria de receber informações sobre nossas publicações e futuros lançamentos?
☐ Sim   ☐ Não

Você gostaria de indicar um amigo para receber informações sobre nossos livros? (em caso afirmativo, informe nome, endereço ou e-mail)
_____
_____
_____

Qual a sua avaliação deste livro?
☐ Ótimo   ☐ Bom   ☐ Regular   ☐ Ruim